하고 싶은 일이 뭔지 몰라서
고민하는 너에게

KURUSHIKATA TOKI NO HANASHI WO SHIYOUKA
Written by Tsuyoshi Morioka

Original Japanese language edition published by Diamond, Inc.
Korean translation rights arranged with Dimond, Inc.
through BC Agency

하고 싶은 일이
뭔지 몰라서
고민하는 너에게

모리오카 츠요시 지음
황미숙 옮김

THE NAN
더난콘텐츠

들어가며

너의 선택을 응원해!

(Feat. 잔소리)

나는 네 명의 아이들과 함께 마치 동물원처럼 혼란스러운 집에서 왁자지껄 소란스레 살아왔다. 막내는 아직 중학생이지만 큰아들은 고등학생이 되려고 하고 작은딸은 대학생 그리고 큰딸은 벌써 대학 졸업을 앞두고 있다. 아, 드디어 내 아이들이 한 명씩 둥지를 떠나는구나. 이렇게 생각하니 서운한 마음이 가득하다. 수학여행 때문에 한 명만 집에 없어도 갑자기 집이 쓸쓸하게 느껴져서 참기 힘들었는데 말이다. 도대체 아이들이 태어나기 전에는 어떻게 살았던 걸까? 전혀 생각나지 않는다. 머지않은 미래에 아이들이 모두 독립을 하면 조용해진 집에서 아내와 둘이 어떻게 살아갈까? 도무지 상상할 수 없는 미래다.

하지만 나 역시 그러했듯이 자식은 언젠가 부모의 품을 떠난다.

아이들은 자신의 세계를 비행하기 위해 태어났다. 그러니 둥지에서 떠나지 못한다면 곤란하다. 머리로는 충분히 알고 있는 사실인데도….

몇 년 전의 어느 주말 오후, 나는 거실에서 스마트폰을 하는 큰딸에게 말을 걸었다.

"벌써 2년이 지나갔구나. 학교도 앞으로 2년밖에 안 남았는데, 졸업하면 어떻게 할 생각이니?"

"네? 음…."

질문과 동시에 거실의 분위기가 확 달라졌다.

"취직이냐 대학원이냐 그런 코앞의 일을 묻는 게 아니다. 장래에 어떤 일을 하고 싶은 거니?"

"음…."

천천히 스마트폰을 내려놓은 채 나를 바라보던 딸은 곤란한 표정을 지으며 아무런 말도 하지 않았다.

나는 늘 딸과 대화의 고속 캐치볼을 즐긴다. 쉴 새 없이 대화가 오간다. 그러나 이런 화제로 이야기할 때면 딸은 언제나 돌처럼 잠자코 있는 것이다. 이 타이밍에 내가 말을 더하면 안 될 것 같아서 꾹 참았다. 오랜 침묵 후에 딸은 작은 목소리로 천천히 입을 열었다.

"뭘 하고 싶은지 잘 모르겠어요…."

나는 딸이 먼저 침묵을 깨고 말할 때까지 기다리는 데는 성공했지만, 딸 바보 아빠의 빈약한 인내력은 빨리도 한계에 가까워졌다.

"그럼 스스로 뭘 하고 싶은지 어떻게 하면 알 수 있을 것 같니?"

"음…."

딸의 표정이 점차 굳어지는 것을 느낄 수 있었다.

"그것도 잘 모르겠는데…."

아, 이대로는 안 된다! 항상 가는 패턴에 빠지겠어! 알면서도 어째서 그 지뢰를 밟아버리는 것인지!

"누구한테 상의해본 적은 있어?"

"…."

"그렇게 중요한 것에 대해서 모르는데 손 놓고 있는 건 안 되겠지? 모르면 모르는 나름의 행동을 해야지. 지금까지 뭔가 해봤니?"

"…, …."

"어제와 오늘이 전혀 다르지 않은 하루하루를 100년을 보내도 문제는 아무것도 해결되지 않아. 어떻게 하면 좋을 것 같니?"

"…, …, …."

내가 열을 올리며 계속 말하려던 찰나 딸의 눈빛이 슬프게 바뀌었다.

"그런 건 알겠는데, 잘 모르겠단 말이에요…."

딸은 거실을 나가버렸다.

아, 역시 이렇게 되어버렸군…. 침묵과의 싸움은 늘 불리하게 돌아간다. 자녀에 관한 일이라면 나도 모르게 감정이 격해진다. 내 마음이 강할수록 결국은 싸움처럼 되어버리는데도 말이다. 하고 싶은 이야기는 산더미 같은데 잘 전달되지 않는다. 게다가 아빠로서 해줄 수 있는 일들은 점점 줄어든다.

딸 바보 아빠는 생각했다. 무언가 할 수 있는 것이 없을까? 딸은 분명히 고민하고 있고, 나는 그 고민을 풀어갈 방법을 확실히 알고 있다는 생각이 든다. 그렇다면 나답게 '퍼스펙티브(perspective, 본인이 인식할 수 있는 세계)'를 체계화해서 알기 쉽게 써서 전달하자. 글이라면 이야기하는 사람도 듣는 사람도 냉정해질 수 있겠지.

답은 각자 스스로 내야겠지만, 자신의 장래나 일에 대해 생각할 때의 '사고방식(프레임워크)'은 알아두는 편이 낫다. 말하자면 나는 자녀들이 커리어 판단에 대해 고민할 때 도움이 되는 '비전서'를 만들기로 마음먹은 것이다. 이후로 일을 하는 틈틈이, 또 밤에 문득 생각이 날 때 조금씩 글을 썼다. 정신을 차리고 보니 어느새 1년 넘게 써내려간 비전서는 꽤나 두터워졌다.

아무도 모르게 너에게만 알려주고 싶은 비밀

그런 어느 날, 도움을 주던 편집자가 사무실을 찾아왔다. 신작을 재촉하기 위해 온 것이었다. 쓰고 싶은 주제에 대한 연구는 내 안에서 정리가 되지 않은 상태여서 실은 아직 한 글자도 쓰지 못하고 있었다.

"설마 전혀 쓰지 않으신 건 아니죠?"

그는 의심스러운 듯이 내 눈을 바라봤다.

"그게 생각처럼 진행이 잘 안 되어서 정말 면목이 없습니다. 이런 건 쓰고 있었는데…."

나는 난처한 나머지 '비전서'를 내놓았다.

"그런데 이건 우리 아이들을 위해 쓴 것이라서 내용이 좀 달라요."

"이렇게 다 써놓으셨으면서 뭘 그러세요. 좀 읽어봐도 될까요?"

"아니, 그런데 이건 사적으로 쓴 거라서…."

그는 내 만류에도 불구하고 원고를 뺏어들고는 흥미로운 표정으로 읽기 시작했다. 그 눈빛은 점차 진지해졌고 눈은 깜빡이는 것을 잊은 정지화면처럼 원고에 박혀 있었다. 갑자기 고요해진 회의실에서 그는 묵묵히 원고를 읽고 있었다. 마땅히 할 일이 없던 나는 잠시 자리를 비웠다.

얼마 후에 돌아오니 놀라운 상황이 벌어져 있었다. 평소 감정을 드러내는 법이 거의 없는 그가 붉어진 눈으로 열변을 토하는 것이 아닌가.

"이거 정말 굉장해요. 점점 빨려 들어가서는 후반에는 완전히 빠져버렸습니다."

다 읽은 원고를 꼭 잡고 있었다.

"모리오카 가족의 비전서로만 모셔두기에는 아까운 원고예요. 이건 세상에 내놔야 합니다. 모리오카 씨의 자녀들뿐만 아니라 구직 활동을 하게 될 젊은 세대, 아니 커리어로 고민하는 모든 사람들에게 도움이 될 책이 될 겁니다!"

그런데 이 원고를 그대로 세상에 내놓으려니 상당한 용기가 필요했다. 원래 모리오카 가문에서만 사용할 것을 전제로 쓴 날 것의 속내를 집적한 것이어서 더욱 그러했다.

하지만 결국은 날 것 그대로 가기로 했다. 제1장부터 제6장까지의 내용은 오래전부터 써온 것에서 갈무리한 글 그대로다. 1인칭(아버지)이나 2인칭(딸의 이름)의 호칭을 수정하거나 출판용으로 가독성을 향상시키는 구성으로 편집하기는 했으나, 기본적으로는 거의 모두 원래의 원고 그대로다. 그래서 곳곳에 격한 표현이나 집안사람들이 아니면 이해하기 어려운 세대 간 격차가 느껴지는 비유표현(《북두의 권》의 '사조성' 등)과 사례 등이 포함돼 있는데, 가급적 리얼리티를 살리기 위해 그대로 살렸다.

여기저기 손을 대서 '점잔 빼는' 커리어론이 되어버리면 전달력이 약해질 것을 우려했기 때문이다. 나는 학자도 아니고 평론가도 아니며 마케터도 아닌 아버지로서 원고를 썼다. 비즈니스의 최전선에서 살아온 실무가로서 내 나름의 관점을 자녀의 성공을 바라는 아버지의 집념으로 써내려간 것이다. 그렇게 살아 숨 쉬는 내용이 이 책의 드문 '특징'이라고 믿기로 했다. 따라서 이 책은 분명 지금껏 이상으로 독자의 호불호가 갈릴 것으로 생각된다. 그렇지만 이 책의 독특한 '리얼리티'가 한 명이라도 더 많은 독자들에게 좋은 의미의 자극이 되기를 바란다.

각박한 세상에 희망은 있는가

이 원고를 쓸 때 기존의 서적과 다름없이 일관성을 지킨 것도 있다. 바로 가급적 '본질적'인 내용을 다루려는 태도다. 사람은 현실을 분별하고 올바른 선택을 함으로써 목적에 가까워질 수 있다. 그러기 위해서는 다양한 현실을 만들어내는 '구조'를 분명히 아는 것이 중요하다. 커리어에서도 마찬가지라고 생각한다. 사회에서 성공하려면 각오를 다지고 '구조'를 직시한 후 그 본질을 크고 확실하게 파악해야만 한다.

커리어와 관련된 세상은 '구조'에 의해 만들어진 '냉혹한 진실'로 가득하다. 이 세계는 창조하신 신에게는 지극히 심플한 '평등의 정신'에 뿌리내리고 있지만, 그 결과는 한 사람 한 사람에게 무척이나 '불평등'하게 치우쳐져 있다. 신의 정체는 '확률'이고 개개의 현상에 대한 배분은 매우 평등하고 '랜덤'하게 이뤄져 있지만, 결과는 '편향'돼 있다. 따라서 신이 던진 주사위의 결과, 한 사람이 서너 개의 행운을 향유하기도 하며 또 한 사람이 서너 개의 불운을 짊어지기도 한다. 그것이 바로 이 세상의 냉혹한 진실이다.

그런 '각박한 세상'과 마주하여 어떻게 살아갈 것인가? 커리어란 그 질문에 대한 개개인의 답이다. 이 책에서 이야기하는 것은 '신이 던진 주사위로 결정된 타고난 것을 어떻게 더 잘 알고 최대한 살려 각자의 목적을 달성한 것인가?'일 뿐이다. 그러기 위해서는 자신의 '특징'을 아는 것, 특징을 강점으로 삼아 발휘할 수 있는 '맥락(환경)'을 발견하는 것, 그리고 '강점'을 철저히 키우는 것이 중요하다. 이것들이 어째서 중요한지 내 자녀들에게 이해시키기 위해 구체적으로 설명했다.

신이 공평하게 주사위를 던진 결과, 인간은 오히려 눈에 보이지 않는 내면에 외견보다 더한 특징의 '차이'를 가지고 태어난다. 본인 특유의 선천적인 특징, 자신을 키운 특유의 후천적인 환경, 이들의 조합에 따라 세계에 유일무이한 존재인 '나 자신'이 되었다. 울며 한탄해도 그 특징을 크게 바꿀 수는 없다. 그렇다면 과거에 이미 던져진 주사위의 결과는 받아들이고 앞을 바라보자. 남들과 비교하며 낙심하고 있을 때가 아니다. 바꿀 수 있는 것은 오로지 미래뿐이다!

그렇다면 희망이란 무엇인가? 최대의 희망은 '그럼에도 선택할 수 있다'는 것이다. 어떤 특징을 갖고 태어났다 하더라도 인생의 목적, 거기로 향하는 길, 자신의 인생을 조절하는 '선택지'를 쥐고 있는 것은 자기 자신뿐이다. 나는 한 사람이라도 더 그 사실을 깨닫기를 간절히 바란다.

50년 전, 20년 전에 비해 지금은 더 다양한 삶의 방식을 선택할 수 있는 사회가 되었다. 획일적인 기업밖에는 선택지가 없던 시대, 이직시장이 거의 없던 시대, 여성에게는 별다른 선택지조차 없던 시대도 있었다. 내 세대와 비교해도 지금 세대에는 선택지가 훨씬 많으며, 직무능력은 물론이고 업태, 근무형태, 또는 창업 등 업무방식의 선택지는 앞으로 더욱 다양해질 것이다.

생각 없이 그저 흘러가는 사람들

우리는 '해파리' 같은 인생을 보내고 있지는 않은가? 세상의 물결은 수동적으로 살고 있는 대다수의 사람들을 금방 집어삼켜버린다. 스스로를 잘 부여잡지 않으면 누구랄 것 없이 금세 세상의 영향에 휩쓸려버린다. 스스로는 그때그때의 과제에 대처하면서 열심히 일한다고 생각하지만, 그 사람의 진실은 흔들리며 물결에 흘러가버릴 뿐이다. 명확한 의지를 가지고 있지 않으니, 밀물과 썰물의 흐름 속에서 자유롭게 헤엄칠 수 없다. 10년, 15년이 지나 과거의 지인이 물결 속에서도 날렵하게 움직이는 물고기가 된 것을 목격한다면 자신의 해파리 인생에 만족할 수 있을까.

우리는 '에스컬레이터'에 몸을 맡기고 있지는 않은가? 눈앞에 에스컬레이터가 있으면 계단을 오르는 것보다도 편하다고 여기고 대개는 아무 생각 없이 올라서기 마련이다. 하지만 에스컬레이터는 한 번 올라타면 최종지점까지 일정한 궤도 위를 움직이는 것 이외에 자유가 없다. 앞에는 아저씨들의 뒤통수만 일직선으로 가득할 뿐이다. 바로 뒤에서는 후배들이 부러운 표정으로 이쪽을 바라보고 있다. 샌드위치 신세가 되어 마음대로 움직이지 못하니 내릴 엄두도 나지 않는다. 싫으면 탈출해야 옳지만, 많은 사람들이 그 선택지를 고르지 않고 계속 올라탄 채로 간다. 그리고 실제로는 도착점까지 타고 가지 못하는 경우가 많은데도 내리라는 말을 들을 때까지 먼저 내리는 선택을 하지 않는다.

'선택할 수 있었는'데도, 지금이라도 '선택할 수 있는'데도 많은 사람들은 선택하지 않는다. 신이 '선택의 주사위'만은 자신의 손에 맡겼다는 사실을 알아차리지 못하기 때문이다. 머릿속에 없는 선택지는 고를 수 없다.

하지만 만약 좋아하는 일을 선택했다면 날마다 설렘과 기대, 미칠 것 같은 성취감과 소리치고 싶은 흥분에 휩싸일 것이다. 그 흥분과 감동이 '보람'이며, 나는 사람이 그것을 맛보기 위해 태어나지 않았을까 생각한다. 가장 충만한 시기의 수십 년이라는 인생을 바칠 커리어이니, 어차피 일할 것이라면 '보람'이 있는 길을 고르고 싶지 않은가? 그렇게 생각한다면 그 길을 선택해야 한다. 잘못 선택했다면 다시 고르면 된다. 만약 첫 번째 직장에서 실패했더라도 두 번째 직장을 고르면 그만이다. 이 책은 그것을 위한 가이드다.

부디 한 사람이라도 많은 사람이 줄곧 손에 있던 '선택'의 주사위의 감촉을 확인했으면 한다. 내 자녀들에게 일깨워주고 싶었던 것도, 여러분에게 전해주고 싶었던 것도 바로 그 점이다.

이 세계는 각박하다. 그럼에도 불구하고 너는 분명히 스스로 선택할 수 있다! 모든 것은 너다운 길을 발견하기 위해서다.

이 책이 그 길에 도움이 되기를 바란다.

차례

제1장

딸에게 전하고 싶은 인생의 법칙

나만의 무기를 찾는 방법

자신이 어떤 일을 하고 싶은지 몰라서 고민하는 사람은 아주 많아. 사실 나이가 들어서도 이 문제로 고민하는 사람이 많지. 어째서 하고 싶은 일이 무엇인지도 모르는 걸까?

어릴 때부터 막연히 불안을 느꼈던 것은 아닐까? 어쩌면 생각하는 것 자체가 부담스러웠던 것은 아닌지 모르겠다. 계속 시간은 흘러가는데 자신에게 무엇이 어울리는지, 어떤 일을 하면 성공할지 등이 명확해지지 않았으니까.

어쩌면 또래 중에서도 특출한 운동선수나 음악이나 미술 등에서 특별한 재능을 타고나서 별다른 진로 고민이 필요 없는 친구들을 부러워하기도 했겠지. 그들처럼 흑백이 분명하다면 그나마 생각하기 쉬웠으련만, 너 스스로는 흰색과 검은색이 있기는 해도 수많은 미래가 전부 회색인 것처럼 느껴지겠지. 게다가 적당히 해도 어지간한 일은 해낼 수 있는 사람이라면 회색빛 고민은 더욱 깊어질 거야. 그렇다고 해서 그런 자신을 '평범하고 어중간하다'고 비관하지 말아 줘. 언제나 불안하겠지만 '무엇이든 할 수 있다'고 생각하면 좋겠어.

대학생이 되면 그리고 사회인이 되면 앞으로 나아갈 길이 보일 것이라고 기대했는데 실상은 전혀 그렇지 않아 당황스럽다. 취업을 준비하지만 무엇을 하고 싶은지 분명하지 않은 내 모습에 실망감을 느낀다. 주위에 갈 길을 명확히 알고 움직이는 사람을 보면 점점 초조함이 밀려온다. 생각만 해도 '취업'이라는 글자조차 보기 싫을 만큼 마음이 무거워진다. 어느 것 하나 정해진 것 없는 내 처지가 위태롭게 보인다. 그 사이에도 시간은 잔인하리만큼 빠르게 흘러간다. 나도 결국 커다란 흐름에 휘말려 등 떠밀리듯 마지못해 어디든 회사에 들어가보는 수밖에 없을까?

지금 네 상황이 그렇지는 않니?

너는 나의 자랑스러운 딸이야. 어렸던 네가 어느새 자라 어엿한 사회인이 된다니…. 날개를 펴고 자신의 세계로 날아오르려고 하고 있지! 한창 고민하는데 이런 말하긴 미안하지만, 그런 고민하는 모습이 대견스럽고 기쁘기도 해. 드넓은 세계로 나서기 전에 망설이고 있는 것도 네가 그만큼 성장했다는 증거니까.

너에게도 그때가 찾아온 거겠지. 삶의 기로에서 잠시 멈췄다가 첫걸음을 내딛는 순간, 너만의 주사위를 던져야 할 때 말이야.

네 인생에서 아빠로서 너를 위해 할 수 있는 일도 이제는 그리 많지 않을 거야. 섭섭하지만 현실이 그렇지. 너에겐 너만이 날 수 있는 하늘이 있으니까. 그래도 내 나름대로 최선을 다해 네게 도움을 주고 싶어. 그래서 마지막 참견이라는 마음으로 내가 꼭 전해주고 싶은 '인생의 법칙'을 정리해봤어.

나는 너보다 이십년 정도 먼저 사회생활을 해오면서 구직과 채용의 현장을 수없이 보아왔단다. 내 퍼스펙티브 중에는 네게 유용한 것도 있고 그렇지 않은 것도 있을 테지. 부디 스스로 잘 생각해서 취사선택하길 바란다.

내가 간 길을 따라 비슷한 인생을 살라는 뜻이 아니다. 네가 넓고 바른 길을 찾을 수 있도록 지금 맞닥뜨린 고민을 해결하고 해답을 찾을 방법에 대해 조언하고자 할 뿐이야. 너의 주사위를 던지는 건 온전히 네 몫이다. 네가 던진 주사위의 눈에 스스로 납득할 수 있기를 바라며 이 글을 쓴다.

왜 어떤 일을 하고 싶은지 모르는 걸까?

자신이 무엇을 하고 싶은지 모르는 이유는 뭘까? 어떤 것들이 있는지, 옵션(선택지)을 모르기 때문인 걸까? 취업하는 데 어떤 선택지가 있는지 그 하나하나를 잘 몰라서 스스로 하고 싶은 일을 모르는 걸까? 물론 자신에게 어떤 옵션이 있는지 어느 정도 알지 못하면 최종결단을 내릴 수 없지. 하지만 많은 사람이 고민하는 본질은 그게 아닐 거야.

가령 전 세계에 존재하는 모든 직업 중 관심이 가는 순서대로 몇 백 종류를 골라 오리엔테이션을 받을 수 있다면 네가 하고 싶은 일을 찾을 수 있을까? 나는 그렇게 생각하지 않는다. 점점 더 흔들리며 네 고민은 더욱 깊어질 거야. 이것은 취직이나 이직뿐만 아니라 상품을 선택하거나 결혼 상대를 선택하는 경우에도 마찬가지지. 너무 많은 옵션은 오히려 스트레스만 가중시켜. 뇌과학적으로 밝혀진 사실에 따르면 판단에 고려해야 할 요소가 늘어날수록 고민하는 데 느끼는 스트레스가 커진다고 해.

그러니까 네 고민의 실체는 선택지가 없다는 것이 아니야. 문제의 본질은 불확실한 세계보다는 자기 자신을 잘 모른다는 데 있을 가능성이 커. 네 안에 있는 진짜 자신을 알아차리면 고민을 해결할 실마리가 생길 거야. 먼저 네 안을 들여다보기를 권해.

하고 싶은 일을 찾지 못하는 이유는 자기 안에 '중심축'이 없어서란다. 네가 사회로 나가는 문 앞에 서 있는 지금의 시기까지 어쩌면 자신을 알기 위한 노력이 충분하지 않았기에 중심축을 세우지 못한 것일지 몰라. (다 큰 딸을 야단치는 것 같아 미안하구나.)

자신에게 기준이 되는 '중심축'이 없으니 하고 싶은 일을 찾을 수 없는 게 당연하다. 채점 기준이 없으면 자신이 어떻게 연기해야 할지도 모르고, 눈앞의 연기가 좋은지 나쁜지를 판단하라고 해도 반응할 수 없다. 불가능한 일일 것이다. 눈앞에 사과와 귤이 있다면 아무 목적 없이 고를 수 있겠지만, 인생에 막대한 영향을 주는 직업 선택은 그렇지 않다. 사람이 중대한 선택을 해야만 할 때 '중심축'이 없는 것 자체가 큰 고통의 원인이 되니까.

조금 더 쉽게 설명해볼게. 사람들은 저마다 중심축을 다르게 세우고 있어. 어떤 사람의 중심축은 '고향에서 안정된 생활을 하는 것'일 수도 있고, 어떤 사람은 '원하는 기술을 습득하기 쉬운 환경'일 수도 있단다. 일생동안 '높은 연봉'을 추구하는 사람도 있고, '자동차를 좋아하니까 꼭 자동차업계에 들어가고 싶다'며 구체적인 상품이나 업계에 대한 강한 희망을 중심축으로 삼는 사람도 있어. 그밖에도 '여성이 근무하기 쉬운 기업' 또는 '장래의 대기업(급성장기업)', '자신을 가장 높이 평가해준 기업'처럼 그 정의는 천차만별이다.

실제로 한 사람이 중시하는 중심축이 단순히 하나가 아니라 여러 개인 경우가 많아서 조합은 더 다양해진다. 내가 취업을 준비하던 시절을 예로 들게.

① 경영자에게 필요한 기술을 익힐 것

② 성장속도가 빠를 것

이 두 가지를 중심축으로 생각했다. 업계나 상품 등은 전혀 염두에 두지 않았기 때문에 최종단계에서 모 은행과 모 상사, P&G를 두고 고민해야만 했지.

사람은 각자 중요하다고 여기는 것이 다르니 중심축은 그야말로 제각각일 수밖에 없어. 그러니 지금부터 쓰는 글은 자신의 '중심축'을 나름대로 생각해서 형성하기 위해 필요한 관점을 정리한 것이다.

자신의 커리어를 생각할 때 고려해야 할 점, 즉 중심축이 될 수 있는 요소는 많아. 내가 지금 쓰는 글에는 스스로 성공이나 실패를 통해 체험한 것, 가까운 사람을 보고 들으며 알게 된 것, 지난 후에 깨닫게 된 절실한 후회가 가득해. 하지만 그것을 안다 하더라도 중요한 것은 자신에게 무엇이 더 중요한지를 생각해 자기 나름의 우선순위를 그때그때 최선을 다해 명확히 하는 일이다. 당연하게도 네 세계에서 그렇게 할 수 있는 사람은 너뿐이다.

최종적으로는 지금 너의 최선의 가치관으로 네가 '중심축'을 정하는 수밖에 없다. 네가 다양한 것을 경험해가는 가까운 장래에 그 가치관과 중심축이 변화한다면 또 그 시점에서 너의 최선의 중심축에 맞춰 커리어를 업데이트하면 돼. 처음부터 마지막까지 변함없는 하나의 가치관과 중심축으로 방향을 잡고 흔들림 없는 커리어를 만들어가는 사람은 거의 없단다. 경험과 더불어 또 인생의 여러 단계를 거치면서 가장 중요한 것이 바뀌기도 하지. 그러니 미래의 '중심축'이 바뀌는 것에 대해서는 전혀 두려워하지 않아도 된다.

가장 중요한 취업 전략

만약 자기 내면의 목소리에 충분히 귀를 기울이고 자기 나름의 중심축을 찾아 헤맸는데도 그 중심축을 찾지 못한 경우에는 어떻게 하면 좋을까? 그 경우에는 어떤 옵션을 선택해도 된다고 봐야겠지. 자기 안에 선택할 중심축이 없다면 어떤 선택을 하든 자유이고 모두 정답이다. 그 경우에는 얼른 고민을 멈추고, 사다리타기로 진로를 결정해라. 고민하는 사람을 내팽개치려는 말이 아니라 정말로 그렇다. 중심축이 없다면 모두가 정답이 될 수 있으니 고민할 필요가 전혀 없다.

'사다리타기를 하라'는 것은 구직 중이던 내가 은사님으로부터 실제로 들은 말이다. 채용이 내정된 은행과 상사, 그리고 P&G를 두고 마지막까지 고민하던 나는 세미나에서 도움을 받은 다무라 마사노리 교수님께 전화를 드렸지. 그때 선생님은 "사다리타기로 고르게!" 하고 말씀하셨어. 그 말씀에 나도 처음에는 화가 났지만, 내 안에 선택의 중심축이 명확하지 않다는 점을 지적하셨다는 사실을 깨닫고는 정신을 차렸던 기억이 난다. 그 즉시 나는 구체적인 회사명을 염두에 두고 고민하는 일을 접어두고, 오직 내가 중시해야 할 선택의 '중심축'을 생각하는 데만 집중했어. 그 결과 '성장속도(젊을 때 경험할 수 있는 질과 양)'를 최대한 중시해야 한다는 결론을 내렸고 P&G를 선택했단다.

본질적으로 네가 고민해야 할 것은 구체적인 기업이 아니다. 네가 가장 먼저 고민하고 마지막까지 집중해서 생각해야 할 것은 네 커리어에서 중시해야 할 '중심축'이다. 그것이 명확할수록 어떤 직무능력을 기르고 싶은지, 어떤 업계나 기업을 두드려야 할지 자연스레 정해질 거야. 최종적인 선택은 가장 '기준'에 맞는 회사를 판별하는 데 집중하면 된다. 자신이 가진 시간과 노력, 정신력에는 한계가 있지. 취업준비에서 모든 업계나 회사를 돌아보기란 불가능하고, 우열을 매기기 힘든 A사와 B사의 면접이 겹치는 일도 종종 발생한다. 그러니 네가 우선 '중심축'을 명확히 하는 것이 가장 효과적인 취업전략을 세우는 일과 같은 거야.

자기인식의 습관이 필요하다

자기 자신에 대해 얼마나 잘 알고 있는지의 정도를 자기인식(Self Awareness)이라고 한다. 지금은 초등학교에 입학해 대학을 졸업할 때까지 16년이라는 시간이 있는데도 자신이 누구이고 어떤 특징이 있는지 모르고 사는 경우가 많아. 어떨 때 행복을 느끼는지부터 시작해서 어떤 일을 하고 싶으며 어떤 인생을 보내고 싶은지에 대해 거의 생각하지 못하게 만들지. 고등학교 때 문과냐 이과냐를 두고 고를 때도 자신의 내면을 들여다보는 일은 건너뛰고 수학 점수에 맞춰 거의 자동으로 결정해버리잖니. 진학할 대학이나 학부 역시 시험결과와 수능점수에 따른 세상의 평가를 저울질하며 깊은 고민 없이 거의 수동적으로 정하고 있지. 결국 자기인식이 성숙하지 못한 채, 자신만의 중심축이 없는 상황에서 구직활동을 시작하는 사람이 많아.

그렇게 자란 많은 사람들 중에는 '아직 사회도 모르고 일을 해본 적도 없는데 내 강점이나 중심축을 생각해봐야 알 리가 없어. 그런 것은 생각하지 않아도 돼. 일단 빡세게 경험할 수 있는 회사에 들어가서 일하다 보면 자연스레 보이게 될 거야'라고 생각하는 사람이 적지 않지. 이런 사람은 어리석은 데다 무책임해. 자기인식이 낮은 젊은이는 고민을 이해하지 못하고 있어. '안다'는 것의 본질도 모르고 있는 게 아닐까. '경험이 없는데 생각해봐야 쓸 데 없어'라는 말은 틀린 말이다. 오히려 제대로 생각하지 않았기 때문에 경험으로 발을 내딛지 못하는 것이야.

때로는 고민이 마음을 안정시킨다

'안다'는 것은 무엇을 모르는지를 아는 것이다. 즉 생각하면 아는 것과 생각해도 모르는 것의 경계를 자기 나름대로 납득할 수 있게 되는 상태지. 나름대로 머리를 써서 생각하면 자신이 모르는 영역이 어디쯤인지, 그리고 얼마나 모르는지도 알게 된다(감이 온다). 알기 위해서 무엇을 알면 해결할 수 있을 것 같은지도 알게 된다(상상이 된다). 자기 나름대로 무언가를 얻기 위해 행동할 수 있으니, 설령 모르는 것이 해소되지 않은 상태라도 적어도 나름의 최선으로 대응할 수 있다는 것을 안다(납득한다). 모르기는 하지만 '할 수 있는 일은 하고 있다'라고 생각하는 것. 그것이 마음의 안정으로 이어진다.

지금까지 너의 불안은 모르는 것을 계속 방치해온 '꺼림칙한 어둠'에서 비롯된 것이다. 무한히 펼쳐진 암흑 속에서 멈춰선 사람에게 "괜찮아, 우선은 뛰어들어보자"라고 해봐야 당사자는 전혀 괜찮지 않다. 그 암흑을 자신의 눈으로 잘 살펴보면 단서가 될 만한 발자취나 자신도 알 만한 밝은 장소가 몇 군데 있다는 사실을 알아차린다. 그때 비로소 고민과 동거하는 자신의 마음이 안정을 찾기 시작한다. 고민이 어떤 얼굴을 하고 있는지 자기 나름대로 이해하면 고민 자체는 사라지지 않아도 고민이 만들어내는 스트레스에 익숙해진단다. 언젠가 때가 오면 뛰어들어야만 하니 그때까지 생각하지 않을 수가 없게 되지.

자기인식은 언제 생각해도 너무 빠르지도 너무 늦지도 않다. 우리에게 그런 습관이 없는 것은 문제인데, 자기인식에 대해서는 어릴 때부터 자주 생각해야만 해. 오히려 '경험이 없으니 생각해봐야 알 수 없다'는 어리석은 말만 믿고 구직활동을 할 때까지 고민하는 노력을 게을리 한 대가가 커다란 고통의 원인임을 인식한다면, 지금 생각하지 않으면 그 대가가 더 커진다는 말을 이해할 것이다. 네가 앞으로 몇 살이 되든 행복하게 살고 싶다면 자기인식을 높여야 하니 일찍부터 익숙해지기를 바란다.

너의 보물은 무엇일까?

여기서는 일단 '중심축'에 대한 이야기에서 벗어나, 남들과의 비교도 잠시 그만두고, 자기 자신을 바라보며 '내면의 목소리'를 들어보자. 생각해보면 사람은 가정에서든 학교나 회사에서든 자신 이외의 누군가와 늘 비교를 당한다. 슬프게도 그 누구보다도 자기 자신이 스스로를 타인과 비교하지. 타인과의 비교만 강조되는 인생에서 그것이 자기 안에서 습관이 되어버리면 우월감이나 열등감을 먹이로 삼아 살아가는 것이 당연해져버린다. 그 결과 자기 안의 '보물'을 알아채지 못하는 사람이 많다.

가장 먼저 '스무 해 넘게 살아온 것만 해도 지금까지의 네 인생은 대성공이다'라는 사실을 알아야 해. 숫자로 이야기하면 또 싫어하겠지만, 일본인이 출산이라는 시련을 뛰어넘고 태어난 후 만 22세까지 생존할 확률은 99퍼센트다. 안타깝게도 100명 중 1명은 이미 죽었다. 거기다가 너처럼 대학교육까지 받으면서 구직활동으로 고민할 기회를 가질 수 있는 것도 같은 세대의 절반도 되지 않는 47퍼센트 정도뿐이다. 우리의 상황은 나은 편이라 전 세계적으로 보면 생존률도 진학률도 우리보다 훨씬 낮다. 그래, 분명한 것은 네가 지금까지 고민할 수 있는 것 자체가 성공이고 행운과 재능으로 축복받았다는 사실이야.

우선은 크게 심호흡하고 어깨의 힘을 빼보자. 지금의 자신을 긍정하기 시작하면 무언가 보이기 시작할 것이다. 그것을 앞으로 차분히 생각해보자. 성공은 반드시 사람의 강점으로 인해 생겨나지 결코 약점에서 생겨나지 않는다. 그 성공을 낳는 강점이야말로 너의 '보물'이다. 지금까지 대성공한 너를 뒷받침해온 '보물'은 무엇일까?

모든 사람은 '보물'을 가지고 있다. 자신의 보물은 다른 사람과 비교할 수 있는 것이 아니기 때문이다. 자신의 현재를 긍정했을 때 그 현재를 만들어낸 자신 속의 상대적인 특징(강점)을 보물로 정의한다. 모든 특징은 보물이 될 수 있으며, 특징이 전혀 없는 것 자체도 매우 드문 특징이다. 즉 특징이 없는 사람은 없다. 가령 어떤 사람은 '사람들과 금세 친해지는 친화력'을 보물로 갖고 있고, 또 어떤 사람은 '꾸준히 노력하는 끈기'라는 보물을 갖고 있다.

강점과 약점은 상황에 따라 달라진다

동일한 특징이 '보물'이 될지 약점이 될지를 결정짓는 것은 맥락이다. '분위기 파악을 못해!'라는 이야기를 듣는 사람의 특징은 다른 맥락에서 보면 '분위기에 휩쓸리지 않고 자기주장이 분명하다'라는 보물이 되기도 한다. 그러니 자신을 한번 긍정하면서 특징으로 두드러지는 강점을 찾아보는 것이 중요해. 겁쟁이도 사이코패스도 맥락에 따라서는 보물이 되기도 한다. 그러니 반대로 그 강점이 맥락에 따라서는 약점으로 바뀔 수 있으니 주의해야 한다. 가령 '말하기를 좋아한다'는 특징은 심리상담에서 다른 사람의 고민을 차분히 들어주는 데는 불리하게 작용할지도 모른다. 즉 커리어 전략이란 그 사람의 목적 달성을 위해 본인이 가지고 있는 '특징'을 인식하여 그것이 강점으로 바뀌는 맥락을 찾아 승리할 수 있는 길을 생각하는 일이다.

그렇다면 네 경우에는 어떨까? 스무 해 넘게 너와 함께해온 내 의견이지만(쑥스러워하지 말고 나 이외에도 너를 잘 아는 사람들과 함께 네 보물을 찾는 것이 좋다), 너는 '생각하는 것이 장기'가 아닐까? 네가 지금까지 잘해온 것이 꾸준히 착실하게 노력할 수 있다는 재능 덕분일까? 나는 그렇게 생각하지 않는다. 오히려 너는 최소의 노력으로 최대의 성과를 내는 일을 좋아하지 않니? 그 지점에 빛나고 있는 것이 네 보물 중 하나라고 생각한다.

고등학교나 대학에서 네 주위에는 네가 보기에 너보다 '생각하는 것이 능한' 사람들도 많았겠지. 그래서 네가 자신의 보물을 명확히 보지 못했는지도 몰라. 하지만 이 보물찾기의 규칙은 외부와의 비교가 아닌 네 안에서 강점과 약점을 비교하는 일이란다. 네 안에 있는 특출난 특징을 찾는다면 '생각하는 것'이 네게 중요한 '보물'이 아닐까 싶다.

그러니 네가 네 인생에서 그 보물을 필사적으로 연마하는 것보다 더 중요한 일이 있을지를 잘 생각했으면 한다. 자신의 특징을 살려서 행복해지는 길을 믿는다면 다른 무엇보다도 보물 연마를 우선하며 소중히 해야 한다. 보물은 잘 갈고닦으면 무기가 되거든. 하지만 실제로 보물을 연마하는 사람은 극히 드물고, 자신의 보물이 무엇인지조차 자각하지 못하는 사람이 대부분이란다. 인식하지 못하는 보물은 활용할 수도 연마할 수도 없지. 이것을 깨닫느냐 마느냐에 따라 오랜 커리어 생활에서 결정적인 차이가 생긴다. 인식한 사람은 세월이 흐를수록 커리어에서 성공할 확률이 계속 올라간다.

보물을 연마한다는 것은 최종적으로 무엇을 의미할까? 자기 안의 특징을 찾는 것은 타인과의 비교가 아니라고 말했지. 하지만 사회적인 평가는 최종적으로 자신 이외의 누군가가 하는 것이다. 사회에서는 엄연한 상대평가의 세계가 기다리고 있다. 너에 대한 사회적 평가(사내나 업계, 세상의 평가)가 네 활동 무대나 경제적인 보상을 결정하게 되고, 자본주의 사회에서는 그러한 규칙에서 벗어날 수 없단다. 최종적으로는 같은 강점을 가진 사람들과 비교되는 세상 속에서 상대적으로 뛰어나지 않으면 안 된다. 그러니 보물을 무척 열심히 갈고닦아야 한단다.

SMAP의 대히트곡 〈세상에 하나뿐인 꽃〉의 가사는 절반쯤은 매우 옳다고 생각한다. 누구나 "본디 특별한 Only One"이라는 말은 맞아. 하지만 커리어를 생각한다면 중요한 또 다른 절반의 관점도 필요해. 그것은 바로 꽃집에 피어 있는 아름다운 꽃은 모두 상대적으로 이기고 살아남은 스타이며, 그 전에 이미 뽑히거나 상품화되지 못해 처분된 많은 꽃이 존재한다는 현실이야. 온리원이란 어떤 맥락의 넘버원을 가리킨다는 사실을 잊지 말거라. 꽃도 사람도 어느 정도 상대적인 경쟁에서 이기지 못하면 상품이나 노동력으로써 팔리지 않는다.

자신이 선택한 환경 속에서 넘버원을 목표로 하지 않아도 되는, 원래부터 특별한 온리원인 사람은 없어. 보물을 닦고 또 닦고 닦아서 자신의 목적에 가까워져야만 한다. 그 경쟁에서는 수많은 패배와 좌절, 낙담을 피할 수 없다. 당장은 지더라도 괜찮아. 하지만 장기적으로는 경쟁에서 살아남아야만 한다(내 딸이니까 할 수 있을 거야).

마지막으로 조금 모순되는 이야기를 미리 해둘게. 자신만의 보물을 충분히 만들고 익숙해질 무렵이면 너는 분명 경쟁의 진정한 상대는 사실 그 누구도 아닌 네 안의 자기보존본능(편하고 안심할 수 있는 안전한 방향으로 향하려는 심리)이었음을 실감할 거야. 시간이 흐르고 다시금 내면의 목소리를 통해 '중심축'과 '보물'이 타인과의 경쟁보다도 더 중요하다는 사실을 알게 되는 날이 분명 올거야.

직무능력은 인생의 무기가 된다

나는 회사에 의존하지 않고 자신의 기술(직무능력)에 의존하는 커리어 구축방법을 강력히 권한다. 너희가 하는 것은 구'직'활동이지 구'사'활동이 아니지 않니. 개인에게 회사는 직무능력을 갖추기 위한 수단이다. 자신의 보물을 잘 발견하고 자신이 프로로서 익혀야 할 직무능력을 가려내야 한다. 회사보다 직무능력이 훨씬 중요한 이유는 두 가지로 말할 수 있다.

첫째, 네가 아무리 회사에 반해서 결혼하고 싶어도 회사는 절대 너와 결혼할 수 없기 때문이다. 회사는 너의 어젠다(달성하고자 하는 의도)와는 무관한 이해관계로 존재하므로 네 마음은 영원한 짝사랑일 뿐이야. 회사의 상황에 따라 내쫓길 수도 있고 회사 자체가 사라지거나 매수돼 전혀 다른 회사로 바뀌는 일도 다반사다. 지금은 안정적인 것처럼 보여도 10년, 20년 후를 보장할 수 있는 회사는 없어. 회사가 어떻게 되든 네가 자유롭게 살아갈 수 있는 방안을 생각해야 한다.

둘째, 기술(직무능력)이야말로 상대적으로 가장 유지가능한 개인 재산이기 때문이다. 집은 불에 탈 수도 있고, 돈은 도둑맞을 수도 있으며, 배우자마저도 이혼이나 사고, 질병으로 잃을 수 있다. 하지만 네 머릿속에 축적되는 '능력'만큼은 네가 건강한 이상 늘 너와 함께하며 네 생활을 위한 재정을 만들어낼 거야. 이제까지의 학교생활을 통해 길러온 교양과 지성도 앞으로 획득할 직무능력의 전문성을 뒷받침하는 토대가 된단다. 그렇게 익힌 능력이야말로 무엇보다 소중한 너의 재산이다. 물론 직무능력도 영원하지는 않지만, 그래도 시대에 맞춰 업데이트만 게을리하지 않는다면 가장 오래 의지할 수 있는 무기가 된다.

AI 시대에 더욱 필요한 능력

AI가 널리 활용되면 많은 기술들이 진부해지므로 '앞으로의 시대에 직무능력에 의존해도 괜찮은가?'라며 걱정하는 사람이 있다. AI의 부상은 어떤 기술을 고를 것인지에 대한 과제를 던져주지만 기술의 가치 자체를 부정하지는 않는다. 왜냐하면 AI시대에도 직무능력은 더 중요해지기 때문이다. 이렇다 할 능력도 익히지 못한 채 태평스레 살고 있는 '어중간한 사회인'을 AI가 대체하는 시대가 오기 때문이다.

능력이 낮은 사람일수록 AI를 과도하게 두려워한다. 얼마 전에는 안쓰럽게도 "마케팅조차 AI로 대체되는 시대가 온다"며 진지한 표정으로 말하는 마케터가 있었다. 나는 인공지능을 사용해 마케팅 연구를 추진하는 장본인이니 분명히 말할 수 있다. AI로 인해 자신의 일이 진부해지는 마케터는 애당초 지금도 마케터로서의 업무를 제대로 못하고 있을 것이라고.

AI는 학습기능이 딸린 계산기라고 생각하면 된다. 정해진 목적을 위해 과거에 집적된 정보를 스스로 모으고 옵션을 계산해 편견 없이 제시하는 것이 특기지. 마케팅으로 치면 지금까지 누구나 해왔던 데이터 집적과 동향분석과 같은 C클래스나 B클래스의 업무 등은 대체될 수 있을 것이다. 가령 미디어 데이터를 통해 관련 칼럼을 추출해 표준편차를 계산하고 두드러지는 변화를 자기 마음대로 보고하는 식의 일은 더 이상 인간이 아닌 AI의 일이 될 것이다. 요리로 치면 요리를 위한 재료 손질은 AI에게 빼앗길 것이다. 감자껍질을 벗기거나 설거지를 하는 것도 중요한 일이지만 AI가 훨씬 빠르고 정확한 데다 불평도 없으니 그 분야에서는 오히려 유능하다.

하지만 AI에게 A클래스의 분석은 불가능하다. 의지를 갖지 않는 이상 좋든 나쁘든 '흔들림'이 없는 AI는 가설을 세우는 일에 취약하기 때문이다. 내가 세운 가설을 검증하는 준비 작업은 가능하지만 말이다. 따라서 AI는 과거의 연장선상에 없는 미래는 창조하지 못해. 더불어 인간을 만족시키는 정서적인 '느낌'을 다루는 데도 취약하지. AI가 연기하는 드라마에 인간이 감동하기란 분명 어려울 것이다. 브레이크스루 전략(기술적으로 힘든 문제를 해결해 프로젝트를 성공시키는 일_옮긴이)을 만드는 일, 소비자에게 궁극의 만족을 주는 일처럼 '유능한 마케터가 하는 일'은 그 기술을 축적시킨 사람만이 가능하다. 창조적인 지성, 대인 인터페이스, 고도의 사회적 판단, 그러한 영역에서는 AI가 힘을 발휘하기 힘든 것이다. 그렇기 때문에 그러한 기술의 수요는 계속 남을 것이다. 마케팅뿐만이 아니다. 경영판단은 물론이고 영업기술, 인사기술, 파이낸스 기술, 협상과 관련된 기술, 기획 같은 기본적으로 비즈니스에 필요한 영역은 대개 인간에게 남겨진다. 다만 '준비작업'에 해당하는 부분은 빼앗길 리스크가 높다는 것이 지금의 내 예상이다. 20년 후에 네가 내 답이 맞는지 알아봐주기 바란다.

AI가 널리 활용될수록 직무능력이 더욱 중요한 시대가 된다는 말이다. 어중간한 기술만 가지고 있다면 AI에게 일자리를 빼앗길 수 있으며, 그것은 자동화된 로봇이 단순노동자의 일자리를 대량으로 빼앗은 과거의 구조와 비슷하다. 창조적으로 머리를 쓰지 않는 일들이 합리화된다. 너희 시대에는 화이트칼라의 영역에도 자동화로 효율성을 높일 가능성이 생길 것이라고 인식한다면 지금부터 그 변화에 대비할 수 있을 거야.

지금의 사회를 잘 보아라. 이러한 시대의 발소리가 들리는데도 회사 간판이 없으면 일을 못하는 사람이나, 회사 밖에서 통할 만한 기술을 갖지 못한 채 회사의 편의에 따라 쓰일 뿐인 사람들로 넘쳐

난다. 그들은 안정을 추구하며 일하지만 오히려 인생에서 점점 더 큰 위기를 짊어지게 된다. 이 사실을 아는 사람이 얼마나 될까? 세월이 지날수록 회사에서 쫓겨날 위험은 커진다. 또한 조직이 지켜주지 않으면 살 수 없다고 생각하게 된다(하지만 실제로는 그렇지 않으며, 구조조정을 당해도 대개는 잘 살아가니 괜찮다!).

안정만 추구하는 사람들이라면 달아날지도 몰라. 하지만 설령 달아난다 하더라도 그 인생이 매력적일까? 회사를 다니기 힘들게 만드는 무언가만 있어도, 의미를 느끼지 못하는 일만 계속돼도, 일뿐만 아니라 사방으로 신경을 쓰느라 하고 싶은 말도 못하며 살아도, 불합리한 상사의 명령이나 복잡한 인간관계로 인해 정신적으로 피폐해져도 생계를 위해 참기로 정해져 있는 인생. 그것이 아무렇지 않은 사람도 있다. 나 같은 성격의 소유자도 견디기 힘든데, 너는 어떨까?

직무능력을 익힌다는 것은 그것과 완전히 다른 삶을 사는 것이다. 프로로서 충분한 직무능력을 획득하면 주도권은 네가 쥔다. 자신의 직무능력을 펼치고 성장시킬 무대로서 회사를 고를 수 있다. 직무능력 향상이나 연봉 인상을 위해서만 이직이 필요한 것은 아니다. 출산휴가나 육아휴직으로 업무량에 변화를 주어야 할 때도 더 자유로운 선택이 가능하다.

회사와 결혼해도 결과적으로 아무 직무능력도 익히지 못하는 것은 아니겠지만, 직무능력 획득을 목적으로 하는 경우에 비해 획득 속도와 획득 가능한 수준이 전혀 다르다. 너의 시간, 정신력, 체력에는 한계가 있다. 그것을 오랜 세월 회사에서 시키는 일에 골고루 분산시켜 5년, 10년이 지난 후에 너는 무엇의 프로가 되어 있을까? '나는 ㅇㅇ회사에 다닌다'라고 말할 수 있는 사람은 되어도 '나는 ㅇㅇ을 할 수 있다'라고 말할 수 있는 사람이 될 수 있을까?

AI시대에는 더욱 그렇다. 회사는 지금보다 더욱 의지할 만한 결혼 상대가 못 될 것이다. 회사에서 필요한 인간은 대체되기 힘든 직무능력에 집중한다. 지금보다 빡빡한 시대가 될 것이다. 그 타이밍이 언제 올지는 업계와 기업에 따라 다르겠지만, AI로 인한 자동화가 너희 시대의 문을 두드린다는 사실만은 분명하다. 왜냐하면 자본가가 더 싸고 우수한 노동력을 고르는 것은 자명하기 때문이다. 그렇다면 점점 더 양극화되는 사회에서 커리어의 명암을 나누는 것은 무엇일까? 나는 분명 지금까지보다도 더 '직무능력'이 중요해질 것이라고 믿는다.

괜찮아,
네가 선택한 길이 정답이야

이 장에서 마지막으로 해두고 싶은 이야기가 있다. 바로 내가 구직이나 이직활동의 전반에 걸쳐 해당된다고 믿는 일들에 대해서야. 네가 '커리어의 정답은 아주 많다'는 사실을 기억했으면 한다. 그것은 직무능력을 선택할 때에도 마찬가지지만, 취직할 회사를 선택할 때에는 더욱 그래. 정답이 아주 많다고 할까, 오히려 거의 대부분이 정답이라고 생각하는 편이 좋다. 선택하면 안 될 오답은 소수일 뿐, 이외는 모두가 정답이다. 만일 첫 회사에서 실패하더라도 두 번째를 고르면 된다. 그러니 일단은 어깨의 힘부터 빼자꾸나.

혹시 구직활동이란 마치 어딘가에 하나밖에 없는 정답을 찾아 헤매는 일이어서 그것을 찾지 못하면 인생이 크게 실패할 것 같은 불안이 따라다니지는 않니? 자신에게 맞는 직무능력과 회사, 자신을 눈뜨게 해줄 상사와 동료, 그런 '운명적인 만남'이 있을 것이라 여기고 어딘가의 단 하나의 정답을 찾으려고 하고 있지는 않니? 하지만 사회인이 되거나 직장을 얻는 것도 전혀 그런 일이 아니란다.

인식할 수 있느냐 없느냐의 차이는 있겠지만, 애당초 너에게는 이미 어떤 특징이 있다. 특징을 살릴 수 있는 맥락(≒환경)은 정말로 산더미처럼 많아. 가령 활력이 넘쳐서 힘든 상황에서도 계속 도전할 수 있는 마력을 보물로 가진 A는 그런 특징이 강점이 되지 못하는 직무능력이나 직장을 찾기가 더 어렵지. 생각하는 것이 보물인 B는 '생각하면 안 되는, 깊이 생각하면 손해를 보는 특수한 환경'만 회피한다면 그 보물은 틀림없이 환대를 받을 거야. 자기 나름대로 그 특징이 보물로써 더 살아날 수 있는 직무능력, 그리고 그것을 획득할 수 있을 것 같은 회사를 판별하면 된다. B는 무조건 위에서 시키는 대로 따르라는 회사나 목소리 큰 사람이 이기는 회사가 아니라, 나이나 성별을 불문하고 '누가 옳은가'가 아닌 '무엇이 옳은가'를 논의할 수 있는 회사를 몇 군데 찾으면 그만이다.

그렇다면 오답은 무엇일까? 오답은 자신에게 결정적으로 맞지 않는 일을 하는 것이다. 자신에게 결정적으로 맞지 않는 일이란 무엇일까? 바로 '자신의 특징이 예상과 다르게 작용'하면서 '아무리 해도 열정이 샘솟지 않는 일'인데, 이 둘은 대개 연쇄적으로 일어난다. 자신의 특징이 예상과 다르게 작용하는 일이란 자신의 몇 가지 특징이 약점으로 두드러질 뿐 강점으로 발휘되지 못하는 맥락이다. 그런 일은 결과적으로 강점을 발휘하지 못하니 성과가 나오지 않고, 성취감을 얻지 못하는 데다 평가도 좋을 수 없다. 결국 열정이 점차 시드는 식으로 두 가지가 연쇄적으로 발생한다.

그렇다면 어째서 오답을 선택하고 마는 걸까? 만약 결정적으로 맞지 않는다는 사실을 알고 있다면 보통은 처음부터 그런 회사의 취직시험을 치르는 선택 자체를 하지 않는다. 즉 오답의 전형적인 유형은 해보고 나서야 자신에게 맞지 않는다는 사실을 깨닫는 것인 셈이다. 오답의 불행을 겪는 사람은 회사에 입사하기 전과 후에 커다란 인식의 간극을 느낀다. '이런 회사일 거라고는 생각도 못 했어' 하고 말이다. 그런 사람의 이야기를 들어보면 이런 줄 몰랐던 것은 회사가 아니라 자기 자신인 경우가 많다.

오답을 고른 원인의 대부분은 자기분석이 부족한 데 있다. 물론 상대기업에 대한 분석이 부족하거나 불량기업이 직원을 뽑기 위해 속이는 경우, 또는 입사 후의 배치로 인해 맞지 않는 일을 억지로 맡게 되는 경우도 있을 것이다. 나는 자기분석만 철저히 해둔다면 대부분의 불행을 회피할 수 있다고 생각해. 거기에 목표로 하는 기업도 확실하게 분석한다면 많은 불행을 피할 수 있지.

철저한 자기분석으로 중심축이 명확해지면 면접 단계에서 상대기업에게 자신이 본 기업과 잘 맞는지 아닌지를 전달할 수 있을 것이다. 상대기업도 구인에 상당한 비용을 들였을 테니, 보통은 적재적소의 원칙을 어기고 굳이 너를 뽑는 일은 없겠지. 네가 상대기업에게 너의 특징이나 적합·부적합을 제대로 이해시키지 못한 경우라면 몰라도. 기업의 취업 확정을 받기 위해 의도적으로 다른 인격을 연기한 것이라면 그 역시 자기분석 부족 때문이야.

취업 확정을 따기 위해 다른 인격을 연기하는 것은 불행의 시작이다. 자신의 인격의 연장선상에서 그 특징을 과장하는 것은 괜찮지만, 다른 인격은 서로 불행해지므로 아주 바람직하지 못해. 네가 연기에 아주 능한 천상 배우라면 몰라도, 상대방은 그 일의 전문가라서 다른 인격은 대개 수상하게 비친단다(웃음). 취업 확정의 확률도 낮아지겠지. 만약 합격이라도 한다면 더 큰 문제야. 애당초 너의 어설픈 연기에 속아 넘어가는 그런 회사에 들어가는 것에 대해 너는 어떻게 생각하니? 게다가 네 특징을 회사에 팔지 못한 것이니, 입사 후 얼마 되지 않아 파탄이 날 수밖에 없을 거야. 이 게임은 소수의 오답만 피하면 이길 수 있는데도 다른 인격을 연기한다면 굳이 그 드문 오답을 불러오는 격이지.

그런데도 너무 자신이 없어서 일단 거짓이든 다른 인격이든 한 곳이라도 취업에 성공하고 싶은 사람도 있겠지. 하지만 정말로 다른 인격을 연기하지 않으면 어디에도 채용되지 못하는 사람이라면 그건 면접 테크닉을 운운할 문제가 아니란다. 그보다는 구직활동을 할 때까지 20년 넘게 어떻게 살았는지에 대한 인생의 성찰이 필요하겠지. 단기간에 어떻게 할 수 있는 문제가 아니니, 이상한 방법으로 발버둥치려 하면 상황은 더욱 악화될 뿐이란다. 정말로 강점으로 승부하는데도 하나도 합격하지 못했다면, 자신이 사회에 도움이 될 수 있는 일을 열심히 찾아서 거기서부터 자신의 강점을 차곡차곡 쌓아 인생을 새로 시작하면 된다. 그 역시 하나의 합리적인 판단이며, 오답을 뽑는 것보다는 훨씬 낫다.

회사가 너를 선택한 것처럼 보여도 실은 너 역시 회사를 선택했음을 잊지 말아라. 고용하는 쪽의 입장이 강하다고 여길지 모르지만, 본래의 관계성은 대등하고 공정하다. 자신감을 갖고 너답게 승부하는 것이 중장기적으로 네 성공확률을 최대로 높여줄 거야. 세상의 평가나 연봉, 대우가 네게 가장 중요한 중심축이 아니라면 그런 것에 현혹되지 않도록 주의해야 한다. 그런 것은 성공 실적만 쌓이면 결과적으로 따라오게 되어 있고, 나중에 다시 바로잡는 방법도 있다. 어디까지나 자신의 특징을 살릴 것! 그것이 가능한 직무능력도, 그것을 위한 직장도 많으니까.

요컨대 단 하나의 커다란 정답, 점괘에서 대길(大吉)을 뽑으려고 하지 말라는 이야기다. 대흉이나 흉을 뽑지만 않으면 된다. 자신의 특징이 강점으로 활용되는 맥락이 있다면 충분하니, 수많은 소길이나 길 중에서 하나 뽑아오면 그만이다. 좋은 회사에 합격해도 회사가 대길을 약속할 수는 없다. 회사에 들어가는 것은 아주 작은 출발에 지나지 않아. 그리고 어떤 회사에 들어가도 조금은 자신의 약점이 드러나고, 실패도 하고, 라이벌도 있으며 보기 싫은 인간도 꼭 존재하는 법이다. 그 속에서 지더라도, 넘어져도 일어나서 지치지 않고 그저 자신의 보물을 연마할 수 있겠니? 그런 각오가 필요하단다. 대길이냐 아니냐를 결정하는 것은 회사가 아니라, 입사 후의 네 자신이야.

제2장

20대에 알았더라면 좋았을 것들

직업을 선택하는 방법

사회에 첫발을 내딛으려는 네게 알려주고 싶은 것이 있단다. 학교에서는 알려주지 않는, 이 세계의 본질에 대한 이야기다. 돌아보면 내게도 '20대에 알았더라면 좋았을 것들'이란다. 그때 알았더라면 인생이 더 흥미진진하게 바뀌지 않았을까.

학교는 사회시스템의 다양한 의도를 반영해 교육하는 기관이다. 그 시대의 '체제'에 적합하게 따라가기 마련이야. 아이들의 머릿속에 지금의 세계를 심어 넣으려는 구조로 되어 있지. 너도 오랫동안 교육 받았으니 그 의도의 차이를 조금은 알고 있을 거야.

여기서 전할 내용은 다섯 개의 핵심으로 요약할 수 있단다. 사회인이 되려고 하는 네가 이 시기에 알아두면 좋을 듯하구나. 미리 말하지만 지금부터 하는 이야기는 내 실제 경험으로 얻은 현재의 인사이트들이야. 나름의 근거와 확신을 가지고 내가 쌓아온 지식과 견해를 너에게 전해주고 싶은 마음이다. 그렇지만 '이것만이 정답이다'라는 고집은 아니란다.

그러니까 아빠의 판단에 너무 얽매이지 않기를 바란다. 너와 내가 똑같은 강물을 건널 수는 없는 일이니까. 게다가 세상은 계속 변화하고 있지. 앞으로 너의 시대는 더욱 빠르게 바뀔 테고 말이야.

이제 사회에 나서면 너는 세상을 어떻게 바라볼까? 우리가 '아빠와 딸' 사이이기는 하지만 엄연히 각각의 인간이니까 세상을 똑같이 볼 수는 없을 거야. 나중에 내가 전해준 인사이트를 더욱 업데이트해주면 좋겠구나. 또 네 나름의 근거로 비판한다 해도 대환영이다.

인간은 결코 평등하지 않아

네가 자라면서 "인간은 모두 같고 평등하다"는 말을 계속 들어왔을 것이다. 하지만 내가 겪어온 세상의 진실은 그와는 정반대다.

"인간은 모두 다르고 지극히 불평등하다."

기본 인권의 정신이라면 평등한 게 맞다. 그러나 이 통념 자체가 '인간은 같지 않다'는 사실을 반증하는 것이다. 인간이 정말로 평등하다면 애당초 기본적 인권 따위는 필요하지 않았을 터다.

인간은 태어날 때부터 너무나도 불평등하다는 것이 진실이야. 그래서 현재의 인류는 적어도 최소한의 기회가 '공평'에 가까워지도록 기본적 인권의 개념과 그에 맞는 사회시스템을 구축해온 것이다.

생각해보면 명확해. 모두가 다르게 태어나지 않니? 외모의 차이는 한눈에도 드러난다. 키가 큰 사람과 작은 사람. 살이 찐 사람과 마른 사람. 얼굴도 피부색도 다르고 머릿결도 다르다. 겉으로 차이를 느끼지 못한다 하더라도 운동신경이 좋은 사람과 그렇지 못한 사람의 차이도 확연하다. 선천적으로 유전자가 그 운동경기에 필요한 능력을 확보하고 있지 않으면 아무리 노력해도 최고의 선수가 되기는 매우 어렵다. 암이나 당뇨병처럼 특정 질병도 잘 걸리는 사람과 그렇지 않은 사람은 선천적으로 유전자에 차이가 있다. 어디 그뿐이랴. 커다란 장애를 가지고 태어나는 사람도 있다.

당사자의 책임과는 전혀 무관하게 사람은 선천적으로 달라. 같더라도 평등하지 않아. 모두 다르고 세계는 지극히 불평등하게 만들어져 있다. 우선은 이 사실을 직시하자.

경제 격차와 지력 격차

어떤 의미에서 신체적 능력의 차이보다도 큰 격차를 낳는 것이 '지력(知力)의 차이'다. 나는 다양한 통계 데이터를 다루는 일을 해왔기 때문에 정량 데이터 속에 있는 세상의 냉혹한 참모습을 많이 지켜봤다. 물론 인간의 지성을 어떻게 측정하고 비교할 것인지에 대한 논의는 다양하지만, 생애 수입 등 경제적 성공의 정도와 가장 연관성이 큰 것이 지력의 격차다. 이는 모든 생물 중에서 인간을 인간답게 하는 가장 큰 특징이 지력이기 때문이겠지.

인간은 두 팔이 아무리 뛰어나도 하늘을 날 수 없고, 다리가 아무리 튼튼해도 말의 상대가 되지 못한다. 하지만 인간이 지력을 사용하면 비행기든 자동차든 만들어낼 수 있듯이, 한계를 모르는 가능성을 가진 것이 바로 지력이다. 그렇기에 그 차이로 인한 임팩트도 크다.

도쿄대생의 부모는 가구소득 평균치가 높다는 데이터가 있어. 이러한 격차가 자녀 세대로 이어져서 사회적 격차가 점점 커진다는 논리가 생긴다. 부유한 가정이라서 교육적 혜택을 더 받을 수 있기에 더 좋은 대학, 특히 도쿄대학에 들어가기 쉽다는 것이다. 불공평하다는 이야기지. 사람들은 이렇게 말한다.

"가난한 가정에 광범위한 경제적 지원과 복지를 더욱 충실하게 하지 않으면 경제 격차가 교육 격차가 되고, 세대 간 빈곤의 연쇄가 가속화될 것이다."

물론 경제 격차는 불공평하고 세대 간 격차의 연쇄를 가속화시키는 요소다. 하지만 이보다 더욱 불공평하고 잔인한 문제가 있어. 경제 격차보다도 차원이 다른 어떻게 할 수 없는, 메울 수 없는 잔인한 격차. 바로 '지력의 격차'다.

도쿄대생 부모의 평균가구수입이 많은 것은 사실 도쿄대생 부모의 '지력'이 높기 때문이야. 지력이 높은 사람이 사회에서 성공하고 비슷하게 지력이 높은 상대와 결혼했기 때문에 평균보다 더 벌고 있는 것이다. 그 자녀도 부모의 유전자 덕분에 높은 지력을 갖고 태어날 확률이 높아. 많은 수입으로 인해 후천적으로 혜택 받은 교육환경이 그 자녀들에게 긍정적으로 작용하는 것도 있지만 말이다.

가난하더라도 정말 지력이 좋다면 여러 종류의 장학금을 받거나,

학생지원이 많은 국립대학에 들어갈 수 있지. 실제로 그런 사람은 아주 많아. 경제 격차를 지력의 격차로 극복한 경우야.

선천적인 특징과 후천적인 환경이 일으키는 사회적 격차는 여러 곳에서 목격할 수 있어. 가령 등록금이 비싼 사립중고교에서 줄곧 높은 교육수준 속에서 공부할 수 있는 아이가 있는가 하면, 공립학교 급식비조차 내지 못하는 가정에서 자라는 아이도 있어. 지켜줄 부모조차 없는 아이도 있고, 심지어 부모에게 학대를 당하는 아이도 있어. 부모가 유명인이라는 이유로 단번에 연예계에 데뷔하는 사람도 있고, 부모의 재산 덕에 딱히 일하지 않고도 부유하게 사는 사람도 있단다. 이 세계는 평등은커녕 본인의 의지나 책임과 무관하게 출발선부터 불공평하고 잔인한 차이가 무수히 많단다.

냉혹한 실제 현실을 지적하자니 듣기에 불편할지 모르겠구나. 네게는 밑도 끝도 없는 이야기처럼 들리니? 하지만 나는 그렇지 않아. 이러한 사실은 거꾸로 나를 설레게 만들거든! 이렇게 이야기하면 사람들은 나를 이상한 사람처럼 여기지만, 정말로 설레는 마음은 어쩔 수 없구나.

거기에는 내 나름의 이유가 있단다. 선천적인 특징, 후천적인 환경, 둘의 조합, 이 모든 것이 지극히 독특하다는 사실은 자신의 독특한 특징만 인식한다면 개개인이 특별한 가치를 낳을 수 있다는 뜻이기 때문이야. 달리 말하면 한 사람 한 사람이 다르니, 한 사람 한 사람이 재미있고, 한 사람 한 사람에게 가치가 있다는 것이지. 거듭 말하지만 가장 중요한 것은 자신의 특징을 더 빨리 더 명료하게 인식하는 일이란다. 그런 후에 특징을 활용할 맥락을 찾아가기만 하면 너는 이 세계에서 독특한 가치를 만들어낼 수 있어.

선택할 수 있는 3가지

인간은 같지 않다. 모든 인간은 태어날 때부터 다르고, 태어난 후의 환경에도 차이가 크다. 처음부터 평등 따위는 존재하지 않는 셈이지. 말하자면 나라는 인간의 오리지널 스펙은 거의 '운'과 '확률'에 의해 결정된단다. 그후부터는 자신이 좌우할 수 있는 정도가 아주 큰데, 그 영역 자체는 사실 매우 한정적이야. 자신이 바꿀 수 있는 것은 자립할 때까지 주어진 환경에서 선천적으로 타고난 것을 얼마나 잘 활용하느냐며, 자립한 후에는 타고난 것을 살릴 수 있는 환경(맥락)에서 얼마나 능동적으로 헤엄쳐 가느냐 정도야.

네가 조절할 수 있는 변수는 세 가지다.

① 자신의 특징에 대한 이해

② 특징을 연마하기 위한 노력

③ 환경의 선택

이 사실을 직시하는 것은 네가 성공적인 커리어를 구축하기 위한 중요한 출발점이 될 것이다. 네가 앞으로 쌓아갈 노력은 이 세 가지에 초점을 맞춰야 한다는 것이 네게 알려줄 인사이트 중 하나란다.

너도 설레지 않니? 애당초 너는 태어난 순간부터 세계의 어느 누구와도 다른, 그 누구도 아닌 '너'라는 인간이었던 거야. 이것은 실로 굉장한 일이란다. 그 사실을 깨닫는다면 남들과 비교할 필요가 전혀 없어. 풀이 죽어 있을 틈도 없지. 네가 해야 할 일은 가지고 태어난 것을 최대한으로 활용하는 거라는 걸 기억해줘.

너는 다른 누구도 아닌 멋진 네가 되는 거야!

피라미드 속에서 높이 올라가고 싶은 사람들

무슨 일이든 반드시 본질이 있어. 그 본질에 의해 구조가 결정되고, 그 구조에 따라 복잡하고 다양한 현상이 생겨난단다.

본질 → 구조 → 현상

이러한 순서로 상위가 하위를 구속하지. 본질을 이해하면 그 일이 앞으로 어떤 변화를 가져올지도 어느 정도는 예측할 수 있을 거야. 만약 분석력을 무기로 삼고 싶다면 현상에 얽매이지 말고 구조를 보는 힘, 구조에서 본질을 꿰뚫는 힘을 갖춰야만 해.

네가 살고 있는 이 사회는 다른 많은 선진국과 마찬가지로 사회구조가 '자본주의'에 뿌리내리고 있단다. 너는 이 자본주의의 본질이 무엇인지 곰곰이 생각해본 적이 있니? 사회를 움직이는 원리, 자본주의를 파악하는 일은 사회에 첫발을 내딛기 전에 필수적이라고 생각해. 그래서 자본주의에 대해 내 나름의 인사이트를 펼쳐보려고 한다.

자본주의의 본질이란 무엇일까? 나는 자본주의의 본질은 인간의 '욕구'라고 생각해. 인간의 욕구는 여러 가지인데, 가령 가장 기본적인 '더 편리하고, 더 쾌적한 삶을 추구하려는' 욕구는 인류의 역사 속에서 결코 역행한 적이 없지. 말에서 자동차로, 유선전화에서 휴대전화로. 아마존으로 대표되는 EC(Electronic Commerce, 전자상거래) 혁명과 AI에 의한 자동주행으로. 기존에도 줄곧, 앞으로도 계속 사람들은 더 편리하고 더 쾌적한 재화와 서비스를 추구할 거야. 그 방향에 따른 이노베이션이 촉진되는 것은 필연이다. 인간 욕구의 본질은 원시시대부터 크게 달라지지 않았는데, 그 욕구를 채우는 방법은 과학의 발전과 더불어 크게 변화한다. 나는 그리 머지않은 미래에 AI에 의해 자동 제어된 드론 유닛에서 잠든 채로 하늘을 날아 이동하는 인류의 모습이 생생하게 그려진단다.

자본주의는 인간의 '욕구'를 에너지원으로 삼아 사람들을 경쟁시켜서 사회를 발전시키는 구조다. 욕구를 인질로 삼아 사람들을 경쟁시킴으로써 사람들에게 나태와 정체를 허락하지 않고, 살아남기 위해 늘 진보와 노력을 강요한다. '욕구'를 에너지로 삼아 더 많은 '욕구'를 채우는 순환구조로 이뤄진 셈이지. 아주 잘 만들어졌다고 생각한다. 물론 결함도 문제도 있으니 완벽함과는 거리가 있지만,

실패한 몇몇의 다른 사회구조에 비하면 상대적으로 인간의 본질을 더 채워준다. 그러니 결과적으로 자본주의가 가장 발전한 것이 아닐까 싶다.

자본주의의 본질은 '욕구'이며 주된 구조는 '경쟁'이다. 거기에 앞서 말한 '인간은 평등하지 않다'는 진실을 겹쳐보면 네가 사는 이 사회를 더 분명히 이해할 수 있을 거야. 애당초 불평등한 인간이 경쟁하는 이 사회가 평등할 리가 있겠니? 이 사회가 누군가의 구미에 알맞게 잘 만들어졌을 가능성을 의심해보는 것은 하나의 진지한 지성이다. 이 사회는 개인을 평등하게 취급하지 않아. 개인에 대한 취급에는 그 사람이 만들어내는 가치의 차이에 따라 잔인한 격차가 존재한단다.

사회시스템은 생명의 보장 이외에 최소한의 기회만큼은 평등에 가깝도록 만들어져 있어. 교육을 받을 권리, 기본적인 인권, 법 앞에서의 평등, 선거권과 참정권, 생활보호 등. 하지만 그런 것은 모두 최저선에 설정돼 있지. 당연해. 경쟁을 통해 성공한 경우보다 최저선이 더 많은 '욕구'를 채워준다면 자본주의 사회는 성립하지 않을 테니까. 즉 경쟁의 기회만 공평에 가깝도록 해두고 경쟁의 결과에 대해서는 승리자에게 보상을 주고 패자가 최저선까지 떨어지는 것을 용인하는 것이 자본주의 사회란다. 능력의 차이에 따라 경제 격차가 생기는 것을 인정하고, 노력한 사람이 보상받는 것을 '공평'하다고 하지.

자본가를 위해 일하는 월급쟁이들

자본주의 사회에는 크게 두 종류의 인간만이 존재한다는 걸 알아두렴. 자신의 24시간을 사용해 돈을 버는 사람과 타인의 24시간을 사용해 돈을 버는 사람. 전자를 '샐러리맨'이라고 부르고 후자를 '자본가'라고 한다. 자본주의란 말 그대로 후자의 자본가를 위해 규칙이 만들어진 사회라는 사실을 명심해야 해. 쉽게 말하면 자본주의 사회란 샐러리맨이 일해서 자본가가 돈을 버는 구조를 뜻한다고 할 수 있지. 평생 샐러리맨으로 산 사람과 자본가로 산 사람의 생애 수입의 평균치를 비교하면 자릿수가 완전히 달라. 이 극단적인 차이는 정말로 놀랍지만 그것이 현실이야.

그렇다면 샐러리맨과 자본가 간에는 생애 수입의 차이만큼 능력의 차이가 존재할까? 지력도 많이 다를까? 나는 결코 그렇게 생각하지 않는다. 난 많은 대자본가 중에서도 자본에 관련된 일을 하는 사람들을 만나왔어. 그들 중에는 분명 똑똑한 사람이 많아. 하지만 샐러리맨 중에도 지력(IQ)이라는 의미에서는 뛰어난 사람들이 아주 많거든. 내 옛 직장인 P&G에도 머리가 좋은 사람은 셀 수 없이 많았단다. 하지만 모두가 일말의 의심도 없이 기꺼이 샐러리맨으로 살아갔어. 왜 그럴까?

이것이 바로 퍼스펙티브의 차이이며 한계란다. 인간은 자신이 아는 세계의 밖을 인식하지 못해. 성실한 샐러리맨을 부모로 둔 자녀의 퍼스펙티브는 착실한 샐러리맨으로 평생을 사는 것이야. 그러니 자본가들이 밖에서 샐러리맨이 일해서 만들어낸 많은 가치를 나눠 갖는 것을 의식하지 못한단다. 자신도 그들의 세계로 가려는 마음만 먹으면 갈 수 있는데도 퍼스펙티브에 존재하지 않으면 그 옵션을 의식조차 못하는 거야. 기억해두렴. 자본주의란 무지와 어리석음에 벌금을 매기는 사회라는 것을 말이다.

잘 생각해보면 교육 시스템도 대량의 우수한 샐러리맨(노동자)을 생산하도록 만들어져 있어. 좋은 성적을 받고 좋은 대학을 나온 후, 큰 회사에 들어가서 안정된 생활을 보내는 것. 그것이 행복한 성공자가 지향하는 길이지. 옛 고도경제성장시대의 '미신'이 아직도 짙게 남아 있어서 지금도 많은 사람들의 퍼스펙티브로 건재해. 지각하지 않기, 주어진 숙제는 기한 내에 제출하기, 주위 사람들과 사이좋게 지내기 등 어릴 때부터 학교에서 주입된 '미덕'을 기르는 습관은 실로 '규율 있는 우수한 톱니바퀴'를 만드는 데 안성맞춤이야. 동아리 활동조차 선배를 과도하게 대우하고 불합리에 대한 면역력을 키우면서 장래의 윗사람에게 따르기 위한 인내력 훈련을 하는 것과 다르지 않아.

지금의 샐러리맨은 과거의 '노예'와 달리 직업 선택의 자유가 있지. 그러니 노예는 아니지만 쉽게 설명하기 위해 '노예'라는 말을 굳이 사용한다는 걸 용서해주렴. 과거에 노동자를 '노예'처럼 취급했던 시대가 있었단다. 그 시대에 자본가가 다수의 노동자를 써서 돈을 벌었던 구조와 지금의 자본가가 다수의 샐러리맨을 고용해 돈을 버는 구조는 본질적으로 크게 다르지 않아. 지금의 자본가가 법과 제도 때문에 인건비를 더 많이 지불할 뿐이야.

우리의 학교교육 시스템에서는 이런 관점을 일체 가르치지 않는다. 가급적 바깥 세계를 의식하지 못하게 하는 것은 아닌지 의심스러울 정도야. 오늘도 우수한 노동력을 대량 생산하고자 교육시스템이 기능하고 있지. 생산된 아이들의 대부분은 근면한 샐러리맨으로 살아가는 데 아무런 의심도 품지 않고 얌전히 회사에 취직해 사내에서 인정받는 자신에게 만족하고, 샐러리맨 계층 속에서 조금씩 승진해가는 스스로의 모습에서 기쁨을 느끼지.

그러다가 40대에 접어들면 현재 상황이라는 카드를 버리기에는 아깝다는 생각이 들어. '적당한 대우'를 받다보니 날카로운 이빨은 이미 뽑힌 상태야. 샐러리맨으로 성공하면 할수록 이직하거나 회사를 그만두고 창업하는 위험 부담은 남에게 지고 싶지 않은 구조 속에 손발이 묶인단다. 이리하여 지극히 우수한 특징을 타고난 사람도 샐러리맨이라는 퍼스펙티브 속에서만 인생을 끝내게 되는 것이지.

하지만 아무리 샐러리맨 사회의 조직 피라미드 속에서 높이 올라간들, 연봉이 2억, 3억이 된들 자본가의 눈에 톱니바퀴는 그저 톱니바퀴일 뿐이야. 그것을 깨달은 나는 커다란 조직에서 위로 올라가는 것에 전혀 매력을 느끼지 못하게 되었다. 과장, 부장, 팀장 등의 직함은 우수한 톱니바퀴를 기분 좋게 굴리고 틀 속에 가둬두기 위한 호칭에 불과하거든. 실제로 명함에 적힌 직함에 만족하며 사는 사람이 이토록 많은 현실을 보고 있노라면, 자본가가 만든 계층 피라미드가 얼마나 인간의 본질을 교묘하게 찌르고 있는지 새삼 깨닫게 된다.

자신보다 나을지언정 뒤지지 않는 우수한 인간을 가득 모아 피라미드의 계단을 오르게 하면서 기분 좋게 일하게 만들고, 그 결과로 많은 돈을 버는 것은 자본가야. 다시 말하지만 이 세계는 평등하지 않고, 자본가에게 이득이 되는 구조로 만들어져 있단다. 그것이 '자본주의'니까 필연적인 귀결이지. 한 가지 예로 일본에서는 피땀을 흘려서 일한 샐러리맨의 소득에 부과되는 최고세율은 50퍼센트를 가뿐히 넘지만, 땀 한 방울 흘리지 않는 자본가의 주식배당에 대한 세금은 20퍼센트밖에 되지 않는단다. 이런 것들을 제대로 알아두는 것이 좋아.

나는 결코 자본가의 욕구를 비판하려는 것도 샐러리맨의 인생을 부정하려는 것도 아니야. 모든 인간이 자본가가 되어야 한다거나 될 수 있다고 말하는 것도 아니다. 샐러리맨으로서 큰 조직에 들어가지 않으면 성취하기 힘든, 보람 있는 사업도 분명 많을 거야. 네게 하고 싶은 말은 샐러리맨 외에 자본가의 세계가 있다는 사실을 알고서 자신을 활용할 기회에 안테나를 세우는 사람이 되길 바란다는 거란다. 그 결과 네가 행복해지기 위한 선택이 자본가를 지향하는 것이든 샐러리맨으로 커리어를 만드는 것이든 어느 쪽이라도 좋아.

샐러리맨이 되는 길 외에도 다른 세계가 있다는 것, 자본가로서 성공하면 차원이 다른 보상이 있다는 것, 자본가의 세계는 자신과는 동떨어진 별세계가 아니라는 것(뒤에서 이야기하겠지만 자산이 없는 샐러리맨이라도 자본가로 성장할 방법은 있다). 그러한 것을 네가 커리어의 시작 단계에서 알아뒀으면 해. 중요한 것은 자본가의 세계를 사정권에 둔 퍼스펙티브를 네가 가지고 있는지 아닌지 여부야. 나는 글렌 검펠 씨를 만나 유니버셜 스튜디오 재팬(USJ)으로 이직한 30대 중반까지 그런 사실을 알아차리지 못했거든.

처음부터 알았더라면 틀림없이 일찍부터 많은 기회를 인식할 수 있었을 거야. 하지만 몇 살이든 퍼스펙티브가 확장되기에 너무 늦은 때란 없단다. 위치와 마음이 편해졌을 때야말로 환경을 크게 바꾸는 도전을 통해 커리어를 효과적으로 향상시킬 수 있기 때문이지.

직장인의 연봉이 결정되는 비밀

사람의 연봉은 어떻게 결정될까? 실은 네가 직업을 결정한 순간에 자동으로 정해진단다. 그 메커니즘을 모르고 취직을 해버리는 일은 피하는 것이 좋아. 어떤 결단을 하든 자신의 선택이 장래의 연봉 기대치에 어떤 결과를 가져올지를 알고서 결정하는 편이 좋으니까. 그러는 편이 사회로 나간 후에 후회가 적고 개연성이 높은 커리어를 쌓아갈 수 있을 거다. 여기서는 너의 연봉을 결정하는 커다란 세 가지 드라이버를 소개하고 마지막으로 나의 조언을 덧붙이고자 한다.

첫 번째 드라이버는 그 사람의 '직무능력의 가치'야. 재화의 값이 결정될 때와 마찬가지로 그 사람이 가진 직무능력(기술)에 대한 수요와 공급에 따라 연봉이 결정되지. 지금보다도 수요가 늘어나면 가격이 올라가고, 지금보다 공급이 늘어나면 가치는 떨어져. 사람의 연봉도 그 원리와 근본이 완전히 같아서, 수요가 높은 직무능력을 가진 '대체하기 힘든 사람'의 월급은 높고 그 반대는 낮아. 쉽게 말하면 영업기술을 익히느냐 마케팅기술을 익히느냐, 또는 법무기술, 인사기술을 익히느냐의 차이에 따라 직무능력의 가치가 다르다는 말이야. 당연히 수요가 많고 공급이 적은 직무능력일수록 연봉이 높아지지.

그러니 자신의 급여가 오르지 않는 것은 자신의 가치가 올라가지 않았기 때문이란다. 비슷한 일을 반복하고 익숙해져서 일이 빨라졌다고 해도, 1년 전의 자신에 비해 무언가 눈에 띄게 새로운 능력이 생겼는지 생각해보면 된다. 연봉은 어디까지나 기술의 수요와 공급으로 결정되는 것일 뿐이란다. 시간이 흐르면 저절로 승진하기를 기대하는 것은 구시대적 인물일 거야. 적어도 너는 자신의 기술을 연마하기를 게을리하지 않기 바란다.

두 번째 드라이버는 소속된 '업계의 구조'란다. 같은 직무능력이라도 산업이나 업계의 구조에 따라 많은 급여를 지급하는 경우와 그렇지 않은 경우가 존재하며, 그것은 각 기업이나 경영자가 자유롭게 결정하는 것처럼 보이지만 사실은 그렇지가 않아. 지불 가능한 인건비에는 해당 업계 특유의 구조적인 한계가 있기 때문이지. 당연히 돈을 많이 버는 업계나 기업에서 더 많은 연봉을 주고, 그렇지 않은 경우에는 반대가 된단다.

가령 카레가게 고참 직원의 연봉은 시간이 지나도 거의 같아. 카레가게뿐만이 아니다. 거리에 흔한 커피숍 바리스터의 연봉도 거의 같지. 우동가게, 채소가게의 고참 직원의 연봉도 대개 같다. 케이크가게, 타코야키가게, 개업의, 치과의사, 변호사, 언론사, 화장품회사, 은행의 은행원도 가전제품업계의 제조업도 같은 시장구조에서 일하는 사람들은 거의 비슷한 연봉을 받게 된다.

어째서 그럴까? 시장구조가 지불할 수 있는 인건비를 결정하기 때문이다. 카레가게를 경영하는 경우에도 사실은 멋대로 할 수 없는 일이 대부분이다. 우선 원재료비만 해도 그래. 구입처나 제조비용을 고민해도 한계가 있고, 각 가게가 나름대로 궁리를 하므로 결국은 비슷해지지. 종업원의 인건비, 점포유지비 등도 마찬가지다. 애당초 한 접시의 카레 가격은 소비자가 생각하는 합당한 금액을 크게 벗어나지 않으므로 가격도 거의 비슷해진다. 시장구조가 비슷하므로 결과적으로 수중에 남는 직원의 연봉도 대개는 같아진다.

따라서 자신의 회사에서 동종업계의 비슷한 포지션으로 이직하는 선택은 연봉이라는 관점에서는 같은 급여밖에 받지 못하는 결과를 낳는다. 연봉을 올리기 위해 이직한다면 '자신의 직무능력을 살릴 수 있고' 동시에 '급여를 더 지급할 수 있는 다른 업계로 이직하는' 것이 더 현명하다. 시장구조가 바뀌지 않는 한 연봉은 크게 달라지지 않으니 말이다.

세 번째 드라이버는 '성공 정도에 따른 차이'다. 같은 직무능력이고 동종업계라도 성공의 정도에 따라 연봉이 달라진다. 카레가게 고참 직원의 연봉은 가게가 얼마나 번성하느냐에 따라 달라진다. 샐러리맨의 경우에 연봉이 3,000만 원인 사람과 1억 원인 사람의 차이는 그 사람이 얼마나 중요하고 대체 불가능한 능력을 가지고 있느냐에 따라 결정된다. 경영진이나 자본가 쪽에 '자신의 가치'를 얼마나 믿게 만들 수 있는지가 샐러리맨의 성공 정도라고 할 수 있다.

이상의 세 드라이버를 조합해서 사람의 연봉이 정해진다. 어떤 직무능력을 선택할까? 어떤 업계를 고를까? 그리고 자신은 어느 정도 성공할 수 있을까? 이 세 가지를 잘 생각해 구직활동과 이직을 준비해야 하는 거란다.

쉽게 말하면 네가 어떤 직무능력을 염두에 두고 어떤 업계, 어떤 회사에 취직할지를 선택하는 시점에서 장래 너의 연봉은 거의 자동으로 결정되는 셈이다. 물론 자신이 얼마나 성공하느냐에 따라 차이는 있지만, 그것 역시 성공했을 경우의 상한과 실패한 경우의 하한이 정해져 있으므로 네 나름으로 주의 깊게 분석하면 상하 폭을 예측하기란 어렵지 않을 거야.

구조를 파악하고 성공확률을 높여라

직무능력에 따른 차이든 업계에 따른 차이든, 하는 일에 따라 기대할 수 있는 연봉에는 사실 몇 배 차원을 넘어선 차이가 있음을 알아두면 좋겠다. 가령 일반론으로 이야기하면 금융업계의 연봉은 제조업계보다 훨씬 높아. 금융업이 돈으로 돈을 버는 비즈니스모델이며, 제조업처럼 사업의 확대에 대규모의 설비투자 등이 필요 없는

(자금을 묶어버리는 공장이나 재고를 쌓아두지 않아도 되는) '구조'를 가지고 있기 때문이지. 프로야구선수의 평균연봉이 프로축구선수의 평균연봉보다 높은 것도 프로야구가 1년에 더 많은 시합을 할 수 있는 구조를 가졌기 때문이란다.

여기까지를 세계의 법칙으로 받아들인 후에 내가 네게 조언하고 싶은 것은 두 가지야. 우선 연봉 기대치의 상하를 알고, 그럼에도 자신이 열정을 가질 수 있는 좋아하는 일을 골라야 한다는 점이야. 어째서일까? 좋아하지 않으면 세 번째 드라이버의 성공 정도를 위로 올리는 일이 어렵기 때문이지. 일이란 힘든 것이 훨씬 많다. 가령 좋아하는 일을 선택해도 괴롭고 힘든 순간의 연속이 기다리고 있는데, 돈 때문에 좋아하지도 않는 일을 선택하면 성공할 리가 없다고 본다. 가령 직무능력과 업계의 구조상 연봉의 기대치가 낮은 일을 고른다고 해도 다른 일을 선택해서 실패하는 것보다는 획득 연봉 면에서 훨씬 나을 거야. 어느 업계든 어떤 일이든 그 세계에서 성공하는 것이 중요하며, 빨리 어엿한 프로가 되는 것이 중요해.

다음으로 기억할 것은 어느 업계에서든 어느 정도 프로가 되면 그때까지 기른 직무능력과 실적을 토대로 '직무능력의 스텝 업'이 가능하다는 사실이란다. 가령 카레가게의 고참 직원은 노하우 자체를 비즈니스 모델로 '스텝 업'시킬 수 있다. 프랜차이즈 카레 체인점의 사장이 될 수도 있어. 그렇게 되면 카레가게의 직원으로 일할 때와는 전혀 다른 구조가 되므로, 연봉의 기대치는 차원이 달라지지. 참고로 내가 살이 쪘던 0.1톤 시절에 잔업을 하며 자주 들렀던 카레가게 '코코이찌방야'도 처음에는 한 점포로 시작해서 지금은 일대 프랜차이즈 체인으로 발전했다.

자신이 성공할 확률을 높이기 위해 연봉의 기대치를 알고 그럼에도 열정을 쏟을 수 있는 좋아하는 길로 나아가야 한다. 거기서 얻은 성공을 발판으로 삼아 직무능력이나 업계의 구조를 뛰어넘어 스텝 업하는 것. 성공을 거듭하면 커리어의 스텝 업이 계속 가능해지고 돈이 따라오게 된다. 성공에 돈이 따르지 그 반대는 결코 아니라는 걸 잊지 말렴.

구직활동이나 이직에서 가장 추구해야 할 것은 자기 자신의 성공 확률을 최대화하는 일이다. 그러려면 자신에게 성공이란 무엇인지 목적을 명확히 해야만 한단다. 그런데 지금은 자신이 무엇을 하고 싶은지 모르는, 그 목적을 결정하는 일 자체를 주저하는 학생들로 넘쳐나고 있다. 하지만 괜찮아. 대처방법에 대해서는 뒷장에서 상세히 이야기하도록 하자. 목적은 잠정적이거나 나중에 바뀌어도 상관없다. 후회 없는 선택을 위해서는 지금 이 순간 자신 나름의 최선의 답을 찾아내야 한다.

가진 것 없는 사람이 가지려면?

얼마 전에 한 대학의 세미나에서 학생으로부터 이런 당돌한 질문을 받았다.

"갖지 못한 사람이 가지려면 어떻게 해야 할지 알려주세요!"

의욕에 불타오르는 눈이 인상 깊은 학생이었다. 너처럼 젊은 세대에서 그런 눈빛을 가진 사람을 만나는 일은 드물어. 미래가 기대되는 느낌이었지. 그 질문에 나는 이렇게 답했다.

"정말 많이 원한다면 자본가의 대열에 들어서는 방법밖에 없습니다."

자산을 갖고 태어나지 않은 인간이 현대사회에서 거대한 자산을 손에 넣을 방법은 어떻게든 자본가가 되는 길이 최선이다. 나는 그렇게 생각한다. 왜냐하면 이미 이야기했듯이 사회구조가 자본가에게 유리하게 만들어져 있기 때문이야. 어떤 목적을 달성하든 전쟁터의 지형이라고도 할 수 있는 사회구조를 잘 이용하는 것보다 더 나은 길은 없단다. 자본가의 대열에 끼기란 쉽지 않지만, 위험과 보상, 사회구조상의 유리함을 고려하면 가장 확률이 높지 않을까 싶다. 적어도 있을까 말까 한 돈을 움켜쥐고 카지노나 경마장에서 운에 맡기는 것보다는, 9할은 버리는 셈 치고 오로지 복권 당첨만을 기다리기보다는, 샐러리맨으로서 기적이 일어나 돈을 많이 버는 미래를 기원하기보다는 훨씬 확률이 높은 건 말할 것도 없다.

물론 자본을 갖지 못하면 자본가는 될 수 없지. 거대한 자본을 움직일 수 있는 위치에 오르기란 쉽지 않지만, 자본가가 되는 일 자체는 누구든 그리 어렵지 않다.

부자가 되는 단순한 방법

자본가가 되는 가장 간단한 방법은 상장돼 있는 주식을 사는 일이다. 아르바이트든 자영업이든 회사에 근무하든 어떤 방법으로라도 저축을 하고 종잣돈을 만들어 기업가치가 상승할 것이라고 예상되는 회사의 주식을 사면 된다. 주식은 과거 수십 년 동안 세계 연평균으로 7~8퍼센트는 돈을 번다. 그러니 안목과 운이 편차값 50 정도라면 앞으로 수십 년은 비슷하게 벌 수 있다고 생각하는 것이 논리적인 생각이지. 평균 7퍼센트 정도로 운용할 수 있다면 10년이면 원금은 거의 2배, 20년이면 4배가 된다. 단 전혀 일하지 않아도 먹고살 수 있기를 원하는 사람은 7퍼센트의 운용실적을 얻는다고 예상하고 7,000만 원 정도의 세전수입을 얻어야만 한다. 그러려면 수중에 약 10억 원의 자금이 필요해.

여기서 자본주의 사회에서 주식을 사는 것의 의미를 네가 조금 더 이해했으면 한다. 주식을 사는 것은 그 회사의 주인이 되는 일이란다. 그것은 자신의 24시간을 사용해 돈을 버는 샐러리맨이 아니라, 타인의 24시간을 사용해 돈을 버는 자본가 대열에 진입하는 것을 의미하지. 더 쉽게 말하면 소프트뱅크의 주식을 사면 손정의 씨를 네 부하 직원처럼 일하게 할 수 있다는 거야. 아마존닷컴의 주식을 사면 제프 베조스 씨가 너를 위해 일하게 된단다. 주식을 산다는 것은 그 회사의 주인이 된다는 것이야. 너의 24시간이 아니라 그 회사에서 일하는 경영진과 종업원의 24시간을 너를 위해 일하게 할 수 있어.

하지만 안타깝게도 주식 투자를 겁내는 사람이 많아. 금리도 거의 없고 매번 수수료만 떼이는 은행의 보통예금에 쌓아둔 돈이 너무 많아. 그 상태가 계속 이어지고 있지. 버블붕괴나 리먼쇼크의 기억이 생생해서일지도 모르겠지만, 그걸 포함해도 주식은 과거 수십 년의 역사 평균 연리 7~8퍼센트의 돈을 벌고 있단다. 단기적으로는 오르락내리락하지만 장기적으로 보면 세계경제는 성장해왔거든. 그런데도 손해 보기를 꺼리는 심리만으로 생각을 멈춘 사람들이 수없이 많다.

투자를 투기와 혼동하고, 투자를 하지 않는 것의 위험에 대해 생각하는 사람이 의외로 적다. 세계적으로 자본주의가 가장 발전한 미국에서는 개인자산에서 차지하는 투자의 비율은 약 50퍼센트에 달하지만, 일본에서는 20퍼센트도 되지 않아. 선진국에서 이 정도 비율은 최저수준이지. 저축이 투자로 이어지지 않는 것이 사회의 발전에 마이너스라는 건 말할 것도 없단다.

조금이라도 자본가에 가까워지려는 의지가 결여된 사람들이 많아. 네가 자는 동안에 네 돈이 일을 한다는 발상이 생각보다 많은 사람들에게 존재하지 않는구나. 이는 자본주의가 무엇인지 가정과 학교에서 제대로 가르치지 않기 때문이라고 생각해. 투자를 사회발전으로 이어지도록 하는 의식개혁이 필요하다고 생각한다.

자, 자산형성의 한 가지 포트폴리오로써 주식도 해야겠지만, 나는 네게 주식을 사라고 이토록 긴 이야기를 하는 게 아니란다. 네 퍼스펙티브를 일정 영역까지 넓히는 것을 목적으로 하고 있어. 자본가로 올라서기 위해 종잣돈을 사용해 상장주식을 착실히 매매하는 것보다도 더 극적으로 '부자가 될 기회'가 있다는 것을 머릿속 한구석이라도 좋으니 인식해두기 바란다.

바로 성공보수로 기업의 주식을 개인이 갖는 것이다. 수십 억, 수백 억, 수천 억대의 개인자산을 형성하고 싶은데, 유전이나 조상님이 매장해둔 금이라도 파내는 운과 능력이 없다면, 현대에는 이보다 승산이 있는 길은 없다고 본다. 주요 패턴은 두 가지야.

기업의 주식을 성공보수로 갖는 경우에서 가장 쉬운 것은 '창업자' 유형이야. 손정의 회장이나 제프 베조스처럼 우선 회사를 창업하고 회사의 기업 가치를 높인 다음, 회사를 상장하거나 제삼자에게 매각해서 창업자 메리트로 주식의 매각액을 얻는 유형이지. 창업할 때는 제로였던 가치가 수천 억, 수조 원에 달하는 경우는 가령 50퍼센트라도 가지고 있다면 그야말로 엄청난 자산가가 되는 거야. 0.1퍼센트라도 가지고 있으면 일약 부유층 대열에 끼게 되지.

그런 커다란 회사를 창업하지 못해도 가령 자본금 1,000만 원으로 창업한 회사를 100억 원에 매각하면 단번에 부유층이 될 거야. 몇 년 동안에 소규모의 회사를 창업해서 누군가에게 팔고, 또 만들어서 팔기를 되풀이하는 프로 창업가도 많아졌어. 나도 창업을 해보고 실감했지만, 주식회사는 생각보다 훨씬 간단히 만들 수 있단다. 자본금은 소액으로 하고 싶다면 몇 십만 원 정도면 되고, 초기의 수속비용은 200~300만 원 정도면 어떻게든 된단다. 물론 설립이나 유지, 관리, 세무 등 까다로운 일도 늘어나지만 할 마음만 있다면 아무런 문제가 되지 않아.

또 하나는 '경영개선' 유형이야. 이건 노동자에서 자본가로 올라가는 전형적인 루트이기도 하지. 한 번 실적이 악화된 회사나 기업 가치를 크게 올리고 싶은 회사의 주식이나 스톡옵션을 받아서 경영개선에 참가하고 실적 향상 후에 주식을 매각해 성공보수를 얻는 거야. 실적 회복 전후의 차이가 클수록 창업자 유형에 비견할 만큼 엄청난 액수의 성공보수를 받기도 한단다. 최근에는 유니버셜 스튜디오 재팬(USJ)의 전 CEO 글렌 검펠 씨가 드물게 보이는 성공사례일 거야. 실은 나도 이 유형으로 USJ의 경영재건에 참여했단다.

단 이렇게 주식을 나눠주겠다는 기회를 가지려면 어떻게 해야 할지가 중요해. 자본가의 힘과 부의 근원, 호랑이 새끼인 주식을 나눠주는 것이니 그리 쉬운 일은 아니란 걸 잘 알 거야. 당연히 자본가 쪽에서 그 사람이 없으면 실적 개선이 불가능하다고 믿을 만한 능력과 실적이 전제가 된다. 보통의 헤드헌팅보다도 훨씬 드문 케이스라서 자신의 시장가치(개인에 대해 노동시장이 매기는 가격)가 상당히 높아야만 해.

그러려면 직무능력을 갈고닦아 프로로서 두드러지는 결과를 내고, 실적으로 노동시장에서 높은 평가를 받아야만 해. 즉 어디서 무엇을 하든 노동시장에서의 자신의 시장가치를 늘 의식하지 않으면 안 된단다. 사내평가만으로 기뻐하면 안 되고, 이직을 하든 안 하든 자신이 밖으로 나간다면 어느 정도 값이 매겨질지 유력한 헤드헌터 몇 사람과는 정기적으로 교류하며 이야기를 들어둬야 할 거야. 그 인연은 의식 향상뿐만 아니라 내일 무슨 일이 일어날지 모르는 긴장감 넘치는 직장에 몸담고 있는 경우에도 도움이 돼.

모든 일에는 비용이 발생한다

P&G 시절의 나는 100퍼센트 샐러리맨 퍼스펙티브 속에 있었어. 대기업인 P&G 안에서는 그리 주주의 인기척을 느낄 일도 없었고, 피라미드 안에서 자신의 능력과 경험을 쌓는 일에 급급해서 바깥 세계를 의식하지 못했지. 언젠가는 P&G를 떠날 생각이었지만

어떤 큰 성과를 내고 이름을 높인 후에는 분명 어딘가의 회사에서 CEO으로서 샐러리맨 커리어를 계속할 것이라고 생각했어.

더 사실대로 말하면 그때 그렇게 생각하지 않았을까 하고 상상하는 건 지금의 나야. 당시의 나는 샐러리맨이 너무 당연해서 의식적으로 잘 생각해보지도 않았지. 그야말로 퍼스펙티브 속에 사로잡힌 상태였단다. 인식하지 않으면 거기 있는 데도 보이지 않는 법이야.

그런 내가 자본주의의 원리와 자본가의 존재, 그리고 그들이 어떤 연금술을 사용하는지 알게 된 것은 P&G에서 USJ로 이직할 때였어. 글렌 검펠 씨가 나를 일깨워줬단다. 참고로 나도 이 '경영개선' 유형의 성공보수로 초빙됐단다. 그가 어떤 이야기를 했을 것 같니?

"모리오카 씨, 이 자본주의 사회에는 두 종류의 인간밖에 없어요…."

그때 비로소 내가 모르는 세계의 존재에 대해 알게 된 나는 '성공보수로 주식을 갖는 샐러리맨'이 되었어. 결국 나는 USJ를 그만둔 44세까지 샐러리맨을 계속한 셈이야.

재건의 사명을 완수하고 USJ를 떠나기로 발표하자마자 많은 대기업에서 더 큰 성공보수를 줄 테니 와달라는 이야기를 들었단다. 하지만 나는 샐러리맨의 연장선상에 있는 커리어에는 더 이상 매력을 느끼지 못했어. 지금까지 수차례 성공시켜온, 망가진 레일을 고치는 작업을 반복하기보다는 자유롭게 무의 상태에서 레일을 까는 것에 도전해 나의 세계를 더 넓혀보고 싶었기 때문이야.

나는 하고 싶은 일을 실현하는 자유로운 플랫폼을 추구하며 뜻을 같이하는 정예멤버를 모아 '가타나(칼이라는 뜻-옮긴이)'라는 회사를 만들었다. 이때 USJ를 V자 회복시키며 받은 성공보수가 군자금으로 쓰였지. 그 돈으로 편하게 살 수도 있었지만, 그건 내 선택이 아니었기에 '가타나'에 모든 것을 걸었어. 그로부터 2년이 지나 '가타나'의 출항은 성공했지만 겨우 자본가 대열의 끄트머리에 올라선 단계에 불과했고, 이쪽 세계는 모르는 것투성이었단다. 그러니 나는 지금 최고로 설레는 중이야.

실제로 해보면 창업해서 자본가가 되는 세계도 나름대로 힘들단다. 나는 창업기의 사장이라 노동자도 겸하고 있으니 당연하지만, 분명히 말해서 샐러리맨 시절보다 몇 배로 더 일하고 있어. 365일, 24시간, 내 비즈니스에서 떠날 수가 없는 생활을 하게 되었지. 아직 타인의 24시간으로 돈을 버는 자본가와는 천지차이여서 스릴도 불안도 몇 배로 느끼고 있단다. 많은 동료의 생활도 책임져야 하니 당연해.

회사가 기대하는 일을 착실히 수행하고 월급을 받는 샐러리맨으로 계속 사는 편이 훨씬 편했을 거야. 하지만 창업에서는 그 수고에 걸맞은 커다란 '보람'도 동시에 느낄 수 있지. 그 '보람'의 본질은 자신의 길을 진정으로 선택하는 '자유'로 집약될 거라고 생각해.

샐러리맨 사회에서는 내가 옳다고 믿는 것과 다른 의사결정이 내려지는 일이 일상다반사야. 거기에 나름의 합당한 이유라도 있으면 참을 수 있지. 하지만 빈번하게 발생하는 불합리한 결정이나 자신의 신조와 상반되는 결정에 따르는 일을 감수하지 않으면 샐러리맨 인생을 살 수 없단다. 20년 이상 샐러리맨으로 살면서 그렇게 참는 경험은 충분히 쌓았고, 성과도 충분히 냈어. 나와 동료들의 한 번뿐인 앞으로의 인생을 생각하면 아무래도 우리 뜻대로 가보고 싶다는 생각이 들었다. 창업의 위험을 무릅쓰고 내가 손에 넣고 싶었던 건 바로 그 '자유'였어.

이 세계는 그야말로 내가 좋아하는 말로 'Everything has a cost(모든 일에는 비용이 든다)'의 뜻대로 되어 있어. 샐러리맨에게는 특유의 고생이 있고, 창업해도 또 다른 특유의 고생이 있단다. 가난한 사람에게 특유의 고민이 있듯이 자산이 생기면 또 다른 특유의 고민이 생기지. 자본가가 되어야 한다거나 샐러리맨이 되어야 한다는 단순한 답이 있는 이야기가 아니야. 중요한 건 자신에게 맞는 고생을 고르기 쉽도록 가급적 퍼스펙티브를 넓게 가지라는 거야. 만약 샐러리맨에 적합하지 않은 사람이 샐러리맨 퍼스펙티브의 세계밖에 모른다면 불행이 계속되겠지. 그 반대도 똑같아. 자신에게 더 적합한 삶을 선택하는 것이 중요해.

네 자신이 한 번뿐인 인생을 원하는 대로 살기 위해서.

입사 전 회사의 성장성을 측정하는 방법

자본가가 되고 싶다면 지금 당장 창업해서 자본가를 목표로 할 수 있어. 아이디어가 있고 체력이 된다면 너도 부디 도전해봤으면 한다. 너무 이른 건 없어. 불안이나 스트레스도 리스크의 정도에 따라 조정하면 어떻게든 없앨 수 있으니까. 대학생이든 고등학생이든 하고 싶은 일에는 마음껏 도전해야 하고, 실제로 그런 창업가도 많으니까.

진심을 다해 임할수록 성패에 관계없이 너는 많은 걸 배우게 되겠지. 그리고 지금보다도 훨씬 넓은 퍼스펙티브를 가진 자신을 만나게 될 거야. 또는 내가 그러했듯이 어딘가의 회사에서 샐러리맨부터 시작해 직무능력을 배운 다음에 자본가가 되는 방법도 있어.

자본가가 되는 데 특별한 매력을 느끼지 못한다면 자본가가 되기 위한 계획을 세울 필요는 없단다. 보통 사람들의 멘탈을 생각하면 오히려 자신에게 맞는 길은 취직해서 안정적으로 생활하는 것이라고 여기는 사람이 압도적으로 많을 거야. 바깥 세계가 있다는 것을 알고도 그렇게 생각하는 것이라면 망설일 것 없이 그 길에 매진하면 된다.

취직할 생각이라면 네 관심사는 그 회사의 경영이 얼마나 안정돼 있는지 일 거야. 샐러리맨으로서 회사에서 가급적 오래 일하고 성공하고 싶으면 더 중요할 것이고, 또는 나처럼 직무능력을 배우기 위해 그 회사에 들어갈 목적이었다고 해도 몇 년 만에 경영부진에 빠지는 건 곤란할 테니까. 이것이 많은 사람이 안심과 안정을 추구하며 상장기업이나 이름이 잘 알려진 대기업으로 몰려드는 이유야.

하지만 그렇게 생각하는 것이 정말로 옳을까? 만약 네가 정말로 안정되길 원한다면 지금의 대기업에 들어갈 것이 아니라, 장래의 대기업에 들어가야만 한다고 생각해. 지금 큰 회사에 들어가서 뭘 어떻게 하겠다는 건데? 지금 큰 기업이 10년 후, 20년 후에도 크다는 보장은 없어. 심지어 사라질 가능성도 있지. 반대로 지금은 작은 회사가 장래에는 지금의 소프트뱅크나 유니클로처럼 성장할지도 몰라. 그렇게 승천하는 용 같은 회사와 함께 성장할 수 있다면 경험의 질과 양이라는 의미에서 너의 커리어는 풍부해질 거야.

그렇다면 취직할 때 그런 장래의 대기업과 중장기에 걸쳐 안정될 기업을 어떻게 가려내면 좋을까? 자기 인생의 초반을 거는 셈이니 후보로 생각하는 회사의 장래성을 나름대로 판별하지 않으면 안 된다.

그래서 장래성이 있는 회사를 알아보는 원칙을 알려주려고 해.

가급적 대략적인 이야기만 할 생각인데, 프로의 세계에서 우리가 기업의 장래성을 분석할 때도 동일한 사고방식을 이용한단다. 사실은 다섯 가지 정도의 관점으로 더 상세히 분석하지만, 구직활동에서는 너무 복잡해지니까 그중에서도 중요한 두 가지 핵심만 소개할게. 이 두 가지 관점으로 기업을 보기만 해도 '괜찮겠다', '위험하겠어'라는 판단을 할 수 있을 거야.

참고로 이러한 분석을 위해 상장기업이라면 공개된 유가증권보고서나 인터넷에서 검색하면 찾을 수 있는 시장동향이나 실적 등의 대략적인 데이터가 필요해. 아무리 해도 부족한 정보는 스스로 고민해서 합리적인 '예상 값'을 끼워 맞추는 수밖에 없어.

너는 자신의 힘으로 단서를 모으는 것부터 시작해서 세상이 움직이는 원리를 이해하면서 사회를 향해 나아갔으면 해. 그리고 기업이 필요로 하는 것도 그런 지성을 가진 인간이란다. 그러니 앞으로 내가 전해줄 방법을 실천하는 것은 네가 구직활동을 할 때도 그후로도 도움이 될 거야.

구직활동에서 지원할 모든 기업에 대해 똑같은 깊이로 파보려고 시간을 쓸 필요는 없지만, 압축시켜가는 단계에서 기업분석은 반드시 필요해. 장래의 안정성을 중시하는 경우에는 더욱 필수적이다. 적어도 인터넷상의 무책임한 소문이나 평판에 자신의 인생을 맡기지 말고, 설령 틀리는 것이 있더라도 괜찮으니 자신의 머리로 생각해 판단하는 자세를 가진 어른이 되렴.

지속가능한 '수요'의 유무를 보라

가장 먼저 생각해야 할 한 가지 핵심은 '수요'의 변화다. 그 회사의 주요 매출을 차지하는 시장의 수요가 장래에 얼마나 안정적으로 유지될 것인가에 대한 관점이다. 인구감소시장에 의존하고 있는지? 수요가 계속 줄어들고 있는지? 수요가 증가하는지? 안정을 유지할 수 있는지? 그것을 5년 후, 10년 후, 20년 후, 30년 후의 기간별로 나름대로 추리해보는 것이다. 이렇게 하면 성장산업과 쇠퇴산업을 구별할 수 있다.

실제로 과거의 USJ를 예로 삼아 생각해보자. 내가 USJ의 경영재건을 지휘한 것은 2010년의 일이고 연간 방문객 700~800만 명 중 70퍼센트 이상은 간사이권에서 찾아왔다. 입사 여부를 판단할 때 USJ의 장래성을 알아보기 위해 당시 내가 가장 먼저 본 것은 간사이의 테마파크 수요가 어떻게 변화하는지, 그리고 USJ가 수요를 개척할 성장영역이 얼마나 존재하는지였다.

우선 간사이의 수요는 저출산·고령화의 영향을 그대로 받는다면 20년 후에 이용인구(테마파크를 다니는 세대)가 20퍼센트 이상 줄어들어 20년 후에는 매출의 70퍼센트 중 20퍼센트가 날아가는 것이다. 나머지를 잘 유지한다고 해도 지금의 매출이 100이라고 하면 86까지 떨어지고 만다.

지금보다도 매출이 86퍼센트로 떨어지는 미래와 더불어 당시 700~800만 명의 연간 방문객으로도 경영이 어렵다는 이야기가 들리는 와중에 테마파크의 한계이익률을 맞춰 생각하면….

'파산선고'를 상징하는 붉은 장미와 북두칠성 옆에 자리한 작은 '사조성'이 당장이라도 빛나는 것 같았다(90년대 인기 초절정 만화책 《북두의 권》에서 등장인물이 사조성을 발견하면 곧 죽음을 맞이했다_옮긴이). 결론은 2010년 당시의 USJ의 수요는 앞으로 상당히 줄어들 것이어서 위험하다는 것이었다.

이렇게 인구동태의 변천에 따른 수요변화를 알아보는 것은 기본인데, 그것뿐만이 아니라 그 회사가 지금 돈을 벌어들이고 있는 근간기술에 대한 대체기술의 출현가능성을 파악하는 것도 중요하다. 소비자는 더 편리하고 더 쾌적한 것을 찾아간다는 사실을 잊지 말자. 석탄이 석유로 대체되고, 이메일이 보편화되면서 연하장이 팔리지 않고, 다리가 생기자 페리 여객선이 사라지듯이 수요의 이동은 업계나 기업에 있어 대형 지진이다.

대체기술에 관해서는 예측할 수 없는 것도 많지만, 예측 가능한 것도 있다. 예를 들면 내가 구직활동을 하던 이십 수년 전, 대형 슈퍼마켓의 전성기에 미래의 아마존으로 대표되는 EC(전자상거래)가 등장해 기존 소매업의 수요를 압박하는 상황을 예측할 수 있었던 사람은 드물었을 것이다. 하지만 당시에도 일본의 싼 노동력 덕에 발전해온 가전업계가 한국이나 중국으로 대체되는 시대가 올 것을 예측하는 사람은 분명히 있었다. 그리고 소니와 파나소닉이 순수 국내산 텔레비전을 포기하고 LG로부터 유기EL패널을 조달하는 시대가 정말로 도래했다.

가령 USJ나 도쿄디즈니리조트 같은 테마파크기술을 예로 생각해보자. 테마파크형 리얼 엔터테인먼트를 위협할 대체기술은 스마트폰의 게임 같은 인스턴트 엔터테인먼트의 보급(틈새시간에 편리하게 소비 가능)이며, VR이나 AR 등을 사용한 가상 엔터테인먼트의 성능이 향상되는 미래(사람들이 테마파크에 원하는 몰입감을 더 생생하게 집에서 체험할 수 있게 된다) 등을 생각할 수 있다. 그러한 기술이 발전하면 어떻게 될까? 테마파크 나름의 리얼한 현장감을 찾는 니즈는 일정한 비율로 남겠지만, 지금보다 수요가 줄어드는 방향으로 움직일 것이 틀림없지 않을까? 이렇듯 여러 정보원으로부터 얻은 단서를 조합해 자신의 머릿속에서 추리해 결론을 낸다.

다음으로 자동차산업의 미래는 수요라는 관점에서 어떻게 될지 생각해보자. AI에 의한 자율주행이 보급될까? 자율주행은 자동차산업의 수요 자체에 어떤 영향을 초래할까? 너는 어떻게 생각하니?

이때 도움이 되는 원칙은 '시장의 수요는 큰 눈으로 보면 반드시 소비자의 선호도에 따른다'는 것이다. 그리고 그 소비자의 선호는 반드시 '더 편리하고 더 쾌적한 것'을 끊임없이 추구한다. 옛 가치관을 가진 인간이 '운전하는 즐거움'을 아무리 강조해도, 정부가 까다로운 규제로 자율주행으로의 이행을 늦추려고 해도 세계의 자동차산업은 소비자가 원하는 방향으로 움직일 것이다.

그런 관점에서 생각하면 애초에 직접 차를 운전하는 것은 고생일 뿐이다. 소비자 관점에서 그것을 얼마나 빨리 자각하느냐에 따라 승패가 달라진다. 만약 직접 운전하는 것 자체에 가치를 두는 소비자가 대부분이라면 수동변속차(MT) 대비 자동변속차(AT)가 이렇게나 보급될 일도 없었겠지. 자율주행에 관해서는 깊이 생각하지 않아도 탑승자 전원이 술을 한잔하면서 목적지에 도달하는 게 편하고 좋은 게 당연하다. 고령화가 진행된다는 관점에서도 자신의 판단력이나 운전능력에 의존해 이동하는 것보다는 AI가 만드는 자율주행이 쾌적하고 편리하며 사고도 적어질 것임이 틀림없다. 직접 운전하지도 않고 자가용도 필요 없다. 필요할 때 좋아하는 차가 자신을 태우러 오게 하는 그런 시대가 온다. 그때는 자가용 자동차의 수요가 줄어들 것이다.

그렇게 가정하면 개별 기업의 미래도 그 시대에 대한 대비라는 관점에서 어느 정도는 예측할 수 있다. 자율주행기술에 관해서는 내 의견이지만 구글 등에 비해 도요타가 세 바퀴 정도 늦다는 느낌을 지울 수 없다. 거대한 투자로 필사적으로 쫓아가려고 하지만, 이 분야는 늦은 '시간'을 되돌리기가 쉽지 않다. 경쟁자들은 새로운 시대에 힘을 발휘하는 데이터의 축적으로 꽤나 앞서 달리고 있다.

자동차 회사의 기존의 성공이 미래에 대한 투자 판단을 늦췄다는 느낌이 든다. 애당초 자동차를 좋아하는 사람만 자동차산업으로 몰려드니 이렇게 되는 거다. 많은 회사가 자각 없이 과도하게 기술에 편중해 오래된 기술에 대한 애착이나 현재의 자사 상황에 집착한 결과, 소비자의 관점이었다면 보였을 새로운 시대로 가는 길을 늦게 올라타는 일이 발생한다. 자동차 회사들이 부디 새로운 시대뿐만 아니라 더 먼 미래를 소비자 관점에서 내다보고 분발해주기를 바란다. 아직 방법은 있으리라 생각한다.

이처럼 단서가 될 만한 다양한 정보를 모아 자기 나름으로 수요의 유무를 판별해보는 거야. 자신이 검토하려는 기업의 주요 매출의 미래 수요, 그리고 기업이 개척하려는 신규 비즈니스의 미래 수요를 추리하면 돼. 그런 수요를 통해 시장점유율의 성장치가 얼마나 될지까지 생각해낸다면 칭찬할 만해. 가령 시장의 수요가 10퍼센트 줄어든다고 해도 점유율을 배로 늘릴 가능성이 크다면 그 기업은 지금보다도 훨씬 커질 수 있기 때문이지.

지속 가능한 '구조'의 유무를 보자

두 번째 관점은 그 수요를 통해 지속적으로 점유율을 확보하기 위한 '구조'의 유무를 보는 것이다. 여기서 뜻하는 구조란 일회성이 아니야. 회사의 현재 실적을 지탱하는 경쟁력의 원천(강점)을 파악하고, 경쟁력이 지속가능한지 아닌지를 판단하는 거란다. 구체적으로 말하면 그 회사의 경쟁력의 결과인 점유율을 변동시키는 수요를 상세히 살펴보는 일이야. 이때 점유율을 유지 또는 향상시킬 소프트웨어와 하드웨어 그리고 여타 능력이 있고 그것이 일회성 강점이 아니라면 꽤 긍정적이야. 다른 회사의 경쟁 진입과 공격을 막을 어떤 장벽을 갖고 있다면 더 좋겠지.

대표적인 구조 중 하나는 특허권, 상표권, 저작권 등의 지적재산권이야. 구매자의 선택을 담보하는 특정 특허기술이 있을 때 그 회사의 점유율은 지속가능한 구조가 될 수 있지. 또 마케터들이 만들어 내는 '브랜드'도 상표권에 의해 지켜진 대표적인 지적재산이며, 누군가가 마음대로 사고팔 수 없으므로 점유율을 유지하는 강력한 구조가 될 수 있단다.

그밖에도 경쟁자가 진입할 때 거액의 자금력이나 설비투자 등의 리스크가 되는 '진입장벽'도 점유율의 지속가능성을 강화하는 구조로 꼽을 수 있어. 나아가 법률에 의한 규제나 특정한 인맥, 원재료의 독점이나 유통의 지배력 등 점유율을 유지하는 데 효과적인 다양한 구조를 가진 기업은 중장기적으로 안정적이지.

알기 쉬운 구체적인 예를 들어보자. 가령 도쿄디즈니리조트의 강력한 점유율의 원천은 무엇일까? 바로 '디즈니랜드의 콘텐츠'에 의한 소프트 파워야. 만약 이 지적재산을 진부하게 만드는 경쟁자가 상권에 등장한다면 현재의 디즈니리조트의 점유율은 크게 떨어지고 말겠지. 운영회사인 오리엔탈랜드의 장래 안전성을 생각한 사람은 그럴 가능성이 없는지를 보고 자기 나름의 판정을 내리면 돼.

잠시 생각해보렴. 디즈니를 진부하게 만들 수 있을(필적할 만한) 브랜드가 출현할 가능성은 극히 적고, 또 디즈니 브랜드를 사용한 경쟁자가 동일한 상권 내에 출점하는 건 계약상 막혀 있을 거야. 게다가 도쿄디즈니리조트 정도의 규모인 5천억 엔의 직접 투자(약 5조 5,600억 원 규모)를 할 수 있는 경쟁자의 출현 가능성은 애당초 많지 않지. 이를 감안하면 이 소프트 파워는 지속가능한 강력한 '구조'라고 볼 수 있으며, 수요가 계속 있다면 중장기적으로 도쿄디즈니리조트는 거대기업으로 군림하는 미래를 예상할 수 있어. 이 관점만으로 본다면 장래도 안정될 가능성이 높은 기업이라고 하겠군.

이 때 참고로 최악의 시나리오도 생각해보면 더욱 좋아. 디즈니의 소프트 파워를 파괴하는 최악의 시나리오란 무엇이겠니? 몇 가지 생각해볼 수는 있어. 불상사나 무언가로 인해 디즈니랜드가 더 이상 '꿈과 마법'을 팔기에 적합하지 않은 상실과 소멸의 부정적인 이미지로 물드는 경우야. 지적재산의 기한이 만료되고 연장되지 않아, 누구라도 미키마우스를 사용할 수 있게 되어 근처에 유사한 놀이공원이 생기게 되는 경우(그런 일이 가능해도 아무도 그걸 하지 않겠지만), 디즈니를 넘어설 만한 인기를 자랑하는 브랜드(가령 지브리 스튜디오 테마파크)가 거액의 자본을 투자해서 근처에 세워지는 경우(지브리는 아이치현에 전시형 파크를 만든다고 공표했으니 이런 일은 없을 듯)…. 그렇지 않은 한 20년, 30년 후에도 미키마우스가 사랑받을 것이라 믿을 수 있다면 그 구조는 꽤나 강력하다는 말이다.

마지막으로 앞서 수요 면을 본 2010년 당시의 USJ의 점유율 면에 대해 계속 이야기해보마. 앞에서는 간사이의 인구 감소만으로 수요가 86퍼센트로 떨어질 것이라는 사조성이 머리 위에 빛났지만, 점유율의 지속성을 좌우하는 '구조'는 어떨까?

우선 2,000~3,000억 엔(약 2조 2,240억 원~3조 3,370억 원)이나 투자한 USJ에 필적할 경쟁 테마파크가 축소될 것으로 보이는 간사이권에 새로이 출현할 가능성은 낮다고 볼 수 있어. 한때 엑스포랜드를 치룬 자리에 파라마운트 테마파크에 대한 이야기가 부상했지만 결국 사라졌듯이 USJ는 앞으로도 간사이권에서는 계속 걸리버로 남을 것이라 믿을 수 있지 않을까? 이를 전제로 하면 2010년의 연간 방문객이 점유율 면에서 크게 떨어지는 건 그리 큰 리스크는 아니라고 생각할 수 있다.

역방향의 점유율 업사이드도 살펴보자. 점유율의 성장치는 어느 정도 될까? 실은 점유율을 외부에서 정확히 파악하기란 어려워. 프로라도 조사비용을 지불하고 데이터를 사는 것이 일반적이라서 학생이 하기에는 더 어려울 거야. 하지만 공개돼 있는 정보와 지성을 조합한다면 딱 알아맞히지는 못해도 비교 상대(벤치마킹)를 이용해 점유율의 성장치를 대략적으로 알아볼 수는 있다.

USJ의 점유율이 가장 많이 늘어난다고 치고, 도쿄디즈니리조트의 점유율을 벤치마킹해 생각해보자. 우선 간사이권과 간토권의 인구 비교는 거의 1 대 3 수준이다. 만약 USJ가 도쿄로 순간이동해서 간토권에서 지금의 간사이와 같은 점유율과 동등한 수준을 차지했다고 가정하면, USJ의 연간 방문객인 약 700만 명은 약 2,100만 명을 넘어서게 돼. 도쿄디즈니리조트의 연간 방문객이 당시에는 약 3,000만 명이었어. 그러면 USJ의 간사이권 점유율은 간토권의 도쿄디즈니리조트 거점 점유율의 대략 3분의 2가 됨을 알 수 있지. 즉 USJ의 브랜드가 기적적으로 도쿄디즈니리조트 수준으로 강해지고 점유율을 늘린다고 보았을 때, 지금의 1.4배까지는 방문객을 늘릴 수 있다는 말이지(TIP 참조).

수요적인 전망과 함께 살펴보자. 2010년 시점에서 약 700만 명인 USJ의 연간 방문객이 간사이시장의 축소로 20년 후에는 수요가 86퍼센트가 되어도, 점유율의 성장치가 1.4배까지 되는 플러스요인이 있다는 뜻이야. 디즈니 수준의 1.4배까지 늘릴 수 있다는 예상은 미심쩍으니 1.2배로 상정해보자. 그 둘이 동시에 일어난 경우라고 하면 '700만 명 × 0.86 × 1.2 = 약 720만 명'이 된다. 브랜드를 20퍼센트나 강력하게 해도 간사이시장의 쇠퇴로 인해 겨우 같은 정도를 유지하는 수준이라는 결론이 난다.

이렇게 대략적인 분석으로 수요를 보기만 해도 여러 가지를 알 수 있을 거야. 즉 2010년 당시의 USJ는 안정을 추구하는 사람이라면 절대 들어가서는 안 될 위험한 기업이었다는 말이지(웃음). 개업을 하고 10년이나 지난 브랜드가 성숙한 시장에서 점유율을 20퍼센트나 늘리는 일은 보통이 아니야. 그것을 해내지 않는 한 700만 명은 간사이시장과 함께 600만 명이 되는 궤도에 올라 있어. 하지만 실제로 그런 일은 일어나지 않아. 왜냐하면 이미 아슬아슬하게 손익분기점을 넘었다고 가정하면, USJ는 연간 방문객이 600만 명이 되기 전에 도산하게 될 테니까. 무엇을 분석할 것인지만 명료하면 재료가 될 정보를 모은 후 사칙연산과 로직만으로 충분해. 그것만으로도 2010년 당시의 USJ는 안정을 추구하는 사람이 들어갈 기업이 아니라는 사실은 분명해질 정도의 정보는 충분히 얻을 수 있어.

Tip 시장수요 분석 액션 플랜

취업준비생이 외부정보를 활용해 여기까지 분석할 수 있을지 조금 더 분석수준을 높여서 해보면, 상권인구로 수요를 읽어낼 때는 연간 방문객은 연간 패스를 이용한 방문자를 포함한 '총인원 수'가 되므로 간사이에서 온 방문객을 뽑아내어 그것을 '실제 인원'으로 보아야 한다. 당시 상장돼 있던 USJ가 발표한 유가증권보고서를 보면(USJ뿐만 아니라 상장 기업은 인터넷으로 알아볼 수 있다) 그때까지 과거 몇 년 동안의 연간 방문객은 대략 800만 명 정도이고, 연간 패스 구입자로 인한 복수방문은 총인원 약 260만 명임을 알 수 있지. 그 정보를 통해 간사이에서 온 '실제 인원'은 350만 명 정도라고 유추할 수 있어. 우선 USJ의 간사이 의존도에 대해서는 당시의 오리엔탈랜드가 공표한 도쿄디즈니리조트의 간토권 방문객이 전체의 65퍼센트였던 것을 생각하면 USJ의 경우에는 싼 연간 패스로 인한 간사이권 방문객의 비중이 더 높을 것으로 보아, 적어도 70퍼센트는 될 것이라 예상했어.

간사이에서 오는 방문객의 비율(70퍼센트)은 '800만 명 × 0.7 = 560만 명', 연간 패스를 이용한 방문객이 260만 명이니 일반티켓으로 입장하는 사람의 수는 '560만 명 – 260만 명 = 약 300만 명'이야.

연간 패스 소지자의 실제 수는 발표되지 않았지만, 연간 패스 대금의 본전을 찾으려면 최소한 세 번을 방문해야 하니, 평균방문횟수는 그보다 많을 것이라 생각해 평균 5회 정도 온다고 가정하면 '260만 명 ÷ 약 5회 = 약 50만 명'으로 연간패스 이용 방문객의 실제 수를 읽어낼 수 있지. 즉 당시 USJ에 간사이에서 온 방문객의 수는 '560만 명 - 260만 명 + 약 50만 명 = 350만 명'이야. 그리고 도쿄디즈니리조트도 실제로는 2개의 놀이공원을 찾는 사람이 3,000만 명이므로 간토에서 오는 방문객의 비율과 디즈니랜드와 디즈니씨의 같은 날 방문객 수의 중복을 고려한 '실제 인원'을 생각해야 해.

도쿄디즈니리조트의 방문객에서 간토 의존도의 비율은 65퍼센트, 도쿄디즈니리조트의 연간 패스 이용 방문객의 비율은 낮아서 무시(USJ와 달리 연간패스가 고액이어서 구입자 비율이 극히 낮음), 디즈니씨와 디즈니랜드를 같은 날 중복해 방문하는 인원의 비율은 20퍼센트라고 예상(전혀 알 수 없으므로 주변의 학생 30명에게 물어보아 같은 날에 디즈니씨와 디즈니랜드에서 노는 사람의 비율을 계산)했다.

그러자 도쿄디즈니리조트에 간토에서 오는 실제 방문객 수는 '3,000만 명 ÷ 1.2(디즈니랜드와 디즈니씨를 같은 날 중복 방문하는 비율) × 0.65(간토 지역에서 오는 방문객 비율) = 1,625만 명'. USJ의 간사이에서 오는 350만 명의 집객력을 세 배나 많은 간토시장으로 치환하면 1,050만 명. 이것을 도쿄디즈니리조트에 간토에서 오는 실제 방문객 수인 1,625만 명과 비교하면 점유율의 성장치는 약 1.55배였다. 앞의 대략적인 분석에 거의 가까운 결과가 나왔어. 이 정도까지는 하려는 마음만 있으면 단순계산만으로 충분히 가능한 수준이야.

실제로 내가 2010년에 USJ로 갈지 말지 판단할 때, 나는 프로 마케터로서 팁(TIP)에서 언급한 수준보다 훨씬 상세한 분석을 했단다. 하지만 커다란 결론은 위의 대략적인 분석과 거의 같았지. 그러고서 나는 이 암흑의 미래로 가는 궤도를 바꿀 전략을 세울 수 있을지를 생각했던 거야.

그러자 수요의 관점에서 필수라고 생각됐던 건 아래의 두 가지 필요조건이었어. 하나는 축소되는 간사이시장에 의존한 체질에서 벗어나기 위해 어떻게든 USJ를 '간사이 외의 전국구나 해외에서 방문객이 오는 구조'로 전환시키지 않으면 도산이 확실하다는 것. 또 하나는 그러기 위한 거액의 자금을 벌기 위해 가급적 돈을 들이지 않고 '간사이권의 점유율을 급격히 늘리는 시책'을 성공시켜야만 한다는 것. (첫 번째 필요조건은 '위저딩 월드 오브 해리포터'의 도입계획의 토대가 되었어. 두 번째 필요조건을 충족시키기 위해 '영화만의 파크'를 버리고, 새로운 패밀리 공간과 원피스, 몬스터 헌터, 할로윈 호러 나이트, 소극적으로 개조한 제트코스터 등을 차례차례 도입하는 '셀렉트 샵 전략'을 실행했다.)

이 두 가지가 없으면 USJ는 멀지 않은 미래에 머리 위로 사조성이 떨어지고 간사이에서 소멸할 것이라고 확신했어. 그래서 이 두 가지 필요조건을 만족시킬 승리의 길을 진지하게 생각했지. 자신이 지휘해서 승리로 가는 커다란 전략을 발견할 수 있을 것 같은가? 발견했다고 했을 때 반드시 아픔이 동반될 대개혁을 회사가 지지해 줄 수 있는 체제인가? 그것을 잘 생각하고 글렌 씨와 이야기한 끝에 나는 침몰하는 배였던 USJ에 승선하기로 결정했단다. 그리고 암흑의 미래를 바꾸어 USJ를 연간 1,500만 명이 찾는 테마파크로 만드는 데 성공했지.

안정을 추구하는 사람에게는 당시 USJ는 그야말로 최악의 선택 중 하나였지만, 그 가혹한 운명을 바꿀 수 있느냐 없느냐에 도전함으로써 마케터로서의 내 전력을 시험하기에는 가장 좋은 선택이었던 셈이야. 그때의 나도 그랬지만, 자신의 목적에 일치하느냐 아니냐가 가장 중요하므로, 목적에 맞지 않는 취직이나 이직이라면 아무리 실적이 좋은 기업에 들어가도 무의미하다. 자기 커리어의 목적을 분명히 하지 않는 한 기업분석의 포인트도, 얻은 정보의 판단도 모두 초점을 벗어날 수 있으니 주의하렴.

여담이지만 중요한 이야기를 하나 하마. 여기서 소개한 '수요의 지속성'이나 '경쟁우위를 유지하는 구조'는 주식투자를 판단할 때도 매우 효과적인 관점이란다. 특히 투기 목적이 아니라 투자를 중장기적으로 성공시키고 싶은 사람은 주식을 사기 전에 그 기업의 '수요'와 '구조'에 대해 동일하게 분석해보기를 강력히 권한다.

여유자금을 투자해 중장기적으로 성공하고 싶은 사람에게 살짝 조언한다면, 가장 중요한 건 '팔지 않아도 될 주식을 고르는 일'이야. 그다음으로 중요한 것은 '사는 타이밍'이지. 장기적으로 성공할 '수요'와 '구조'를 가진 회사를 엄선한 후, 서두르지 말고 그것이 반드시 폭락했을 때 사는 거야. 그러면 단기적인 매매 따윈 하지 않아도 돼. 세계의 주식시장이 수십 년 동안 결과적으로 연평균 7~8퍼센트의 이익으로 굴러온 만큼, 시장이 오르락내리락하기는 해도 단기매매로 일희일비하지 않고 그 구조에 올라타는 것이 안전하다고 생각해.

이렇게 말하지만 나는 개별기업의 주식 매매는 일체 하지 않아(웃음). 한번 빠지면 끝장을 보는 내 성격과 전문성을 생각하면 주식 매매에서도 수학 공식을 구사해 열정을 쏟겠지. 그러면 일정한 성과를 낼 수 있을 거라고 자신해. 하지만 나는 일을 하면서 기업 내부 정보를 접할 기회가 많아서 만의 하나라도 오해를 살 만한 개별기업의 주식매매는 일체 하지 않기로 했단다.

하지만 내가 주식을 하지 않는 본질적인 이유는 그것이 아니란다. 돈을 늘리는 것 자체가 목적이 될 수 없고, 내 열정을 유지할 수 없어서야. 나는 필요 이상의 돈을 얻기 위한 분석 등에는 의욕이 생기지 않는단다. 돈보다도 훨씬 더 나를 일하도록 만드는 가장 큰 '욕구'는 지적호기심을 채우는 일이야. 내 머릿속에서 새로운 전략을 짜내 그것을 세상에 던져 세계를 바꾸는 일에 내가 가진 모든 열정을 쏟아보고 싶어! 나는 그 흥분을 맛보는 게 정말 좋단다.

사람은 저마다 자신의 '욕구'에 솔직하게 살아가는 것이 좋아. 지금까지 지적호기심만 추구해왔지만 결과적으로 네 명의 자녀를 키우고 좋아하는 취미를 즐기기에 필요한 돈을 어떻게든 마련했고, 가끔은 사랑하는 칼 수집도 할 수 있잖니. 저세상에 돈을 싸가지고 갈 수는 없을 테니 내 경우에는 이 정도면 된다고 본단다.

그렇지만 여전히 나는 모르는 것투성이야. 46년이나 살았으면서도 나는 이 넓은 세계의 아주 작은 모래알 하나도 아직 모른단다.

여기서 전해주는 내 퍼스펙티브도 장대한 세계 가운데 내가 걸어온 좁은 길에서 우연히 응시한 부분에 불과해. 게다가 그것이 얼마나 보편적으로 옳은지도 잘 모르겠어. 어떤 사람이라도, 설령 노벨상 수상자 같은 사람이라도 틀림없이 모르는 세계가 훨씬 더 넓을 거야. 이 사실에 너는 낙담하겠니?

나는 정반대야. 그 현실이 너무도 설렌다! 만약 세계의 대부분을 알아버렸다면 살아갈 힘이 크게 꺾일 거야. 지금도 하루하루의 일상 속에서 모르는 것과 만나고, 놀라고, 감동하지. 똑같은 일을 하고 있는 것처럼 보여도 배움의 의지가 있다면 같은 강을 건너는 일이 없으며, 지혜와 지식을 집적하여 자신의 세계를 넓혀가는 과정이 기쁨으로 가득하단다. 지적호기심이 있는 한 앞으로도 내 세계는 빛나고, 인생은 계속 재미있을 거야! 이것은 어디까지나 나만의 생각일지 모르지만….

"인생은 아직 모르는 재미를 찾아 자신의 세계를 넓혀가는 여행이야."

너는 네 인생을 어떻게 정의할 거니? 뜻을 세울 그때가 올 때까지 걷고 고민하면서 천천히 생각하면 된다. 다만 너의 '욕구'에 솔직하게 똑바로 살아가기를 바란다.

제3장

어떻게 자신의 강점을 찾을 것인가?

커리어를 키우는 방법

너에게 이번 장은 꽤 중요한 내용이 될지도 모르겠구나. 커리어 전략을 만드는 커다란 길을 정리해볼까 해. 무엇을 하고 싶은지 아직 잘 모르는 너에게 꼭 필요한 단계야. 네가 이런 순서로 생각하면 인생의 방향, 자신의 특징, 자신의 강점과 약점을 알게 되는 단서를 얻고, 어떤 직무능력을 고르면 될지 '가설'에 도달하는 순서를 알려주려고 한단다.

읽은 후에 '아, 이런 순서로 생각하면 되는구나' 또는 '이 정도면 되는 거야?' 라고 생각해준다면 다행이겠구나. 결국 커리어 전략이란 그렇게 치밀하고 복잡하며 대단한 건 아니야. 오히려 간단명료하지 않으면 쓸 수 없지. 지금부터 설명할 '커리어 전략의 프레임워크'을 사용해 너의 '넓고 똑바른 길'을 함께 생각해보자.

먼저
목적을 세우자

목적은 '가설'이라도 괜찮다

커리어 전략은 말 그대로 '전략'이므로 네 커리어의 목적이 있을 때 비로소 기능한다. 목적이 없는 전략은 의미가 없고, 목적이 명확하지 않으면 세울 수 없어. 나중에 바뀌어도 괜찮고 구체적이지 않아도 되니, 지금 네게 최선인 '커리어의 목적'을 설정해보렴.

네 인생에서 달성하고 싶은 '꿈'이 명확하다면 그것을 최상위 개념의 '인생 목적'으로 설정하고, 그 목적을 실현하기 위해 네가 어떤 커리어를 가져가야 할지 생각하면 돼. 그러면 자연스레 '커리어의 목적'은 명확해지지. 하지만 실제로는 그게 어려워. 장래의 꿈도, 해보고 싶은 일도, 하고 싶은 일도, 결혼을 하고 싶은지조차도 잘 모른다고 할까 지금으로서는 결정하지 못할 것 같겠지.

애당초 "오늘의 저녁메뉴로 뭘 먹고 싶어?"라는 물음에도 답하지 못하는 경우가 많은데 "인생에서 무엇을 달성하고 싶어?"라는 질문에 명확한 답을 가진 사람은 많지 않아. 자신의 미래를 생각해도 분명하지 않고, 하고 싶은 일도 잘 모르는데 선택지만 너무 많아서 뭐가 뭔지 모를 거야. 결과적으로 이 구직활동 시점에서 자기 나름의 잠정적인 '목적', 그야말로 가설주택을 강행공사로 세워보면 된단다.

나는 '가설'이라도 괜찮다고 생각해. 가까운 장래에 목적도 계획도 바뀔지 모르지. 그렇다고 해도 기초가 되는 커다란 목적은 가지는 편이 좋아. 너는 분명 묻고 싶을 거야. 장래에 바뀔지도 모르는 가설을 강행하는 노력에 무슨 가치가 있느냐고. 나는 그 가치가 두 가지라고 생각해. 하나는 이해성, 또 하나는 일관성이야.

자신이 앞으로 나아갈 길의 첫걸음이 나름대로 자신이 생각한 결과의 첫발이라고 생각하면 더 자신 있게 내딛을 수 있단다. 여러 가지 일이 발생해 뒤돌아보게 될 때도 걸어온 길에 스스로 이해할 수 있게 되지. 그저 흘러가는 대로 그때그때의 감각과 반사적으로 살아가는 것보다는 잠정적일지언정 나름의 우선순위를 정해서 걸어가는 편이 목적에 가까워질 거야. 당연히 인생의 이해도도 올라갈 거야.

또 하나인 일관성은 커다란 방향성을 목표로 걸으면 커리어를 수직으로 쌓아올리기 쉬워진다는 말이야. 물론 잠정적인 목적이 돌연 바뀌어서 반대방향으로 걸어간다면 꼭 그렇다고만은 할 수 없겠지만 말이다. 하지만 결정한 인생의 목적이 이십 수년이나 살아왔는데(달성하지 못하는 것은 흔한 이야기지만) 그와 전혀 다른 방향으로 바뀌는 일은 별로 일어나지 않는다(그런 사람이 훨씬 많아). 어렴풋이나마 일찍 목적을 설정하고 그 방향으로 커리어의 전문성을 집중하는 '저축'을 시작하는 편이 득이 많단다. 그것이 바로 일관성이야.

참고로 "당신은 인생에서 무엇을 달성하고 싶나요?"라는 질문은 취업면접에서도 자주 등장하니 누구든 그 대답을 준비해두어야만 해. 나도 그랬지만, 이 시점에서 잠정적인 '인생의 목적'과 그를 위한 '커리어의 목적'을 필사적으로 생각했을 때 그 방향 위에서 절반쯤 억지로라도 '귀사에 지망한 동기'를 그럴싸하게 나열할 수 있는 거야(웃음).

목적이 눈에 들어오는 발상법

자, 너의 커리어의 목적을 가설로 세워보자. 어떻게 생각할까? 이때 갑자기 달성하고 싶은 '일'이나 해보고 싶은 '것'이라는 구체적인 무언가부터 생각하려고 하면 막혀버리는 경우가 많아. 구체적으로 어떤 일이라거나, 어떤 회사를 생각할 때도 동일하다. 인간은 구체적인 것을 더 상상하기 쉽지만, 이 경우에는 채점기준이 아직 없는 데다 구체적인 것 하나하나의 수비범위가 너무 좁아서 그 발상은 오히려 쉽지 않을 거야.

나는 구체적인 '것'에서부터 발상할 게 아니라 자신이 '어떤 상태'일 때 행복한지에 대한 미래의 이상적인 '상태'부터 발상하기를 추천한다. 이것은 마케팅에서 목적을 설정할 때 막힐 경우 내가 늘 쓰는 탈출법이지. 무엇부터 생각하면 좋을지 막힌다면 속는 셈 치고 한번 해보렴. 이 방법을 조금 더 쉽게 설명해볼게.

가령 무엇부터 생각해야 할지 잘 모르겠고, 무엇을 하고 싶은지도 명확하지 않은 사람이 있다고 해보자. 이 곤란한 상태에서 '나는 어떤 직무능력을 기르고 싶은가?'를 자문자답해봐야 괴로울 뿐이다. 거기서부터 생각할 것이 아니라, 우선은 '나는 어떤 상태가 되면 행복한가?'를 생각해봐야 해.

이 방법을 적용하기 위해, 이제 중학생이 된 네 남동생에게 일종의 실험을 하고 있단다(웃음).

우선은 크게 생각해서, 너는 어른이 됐을 때 어떻게 되어 있으면 행복하다고 생각해? 행복해지기 위해서 어떤 상태라면 좋을까? 네 동생은 "음, 역시 가족이 있고 내가 제대로 먹여 살릴 수 없다면 행복하지 않을 것 같아요."라고 대답했어(아들! 많이 컸구나!). 그래서 나는 그 상태에 대한 아들의 이미지의 윤곽을 더 물어봤어. 가족이라고 했을 때, 부인은 어떤 사람이면 행복할까? 아이들은 몇 명 정도 있으면 행복할까?(네 동생은 무려 세 명의 자녀를 갖고 싶다고 했어. 나와 마찬가지로 저출산화와 싸울 생각이라면 힘내라, 아들!) 그렇게 본인까지 포함해 다섯 명의 가족을 잘 부양하려면 어떤 상태여야 할까? 이렇게 아들의 머릿속의 '행복한 어른의 상태'를 가급적 끄집어냈어.

그렇게 '이상적인 상태'를 꺼낸 후, 그것을 실현하기 위해 필요한 '구체(것)'는 무엇인지 생각하는 거야. 다섯 명의 가족을 부양하며 행복한 사람이 되려면 어떤 '것'이 필요할까? 네 동생은 "그렇지, 어느 정도는 돈을 벌어야겠네요."라고 대답하기에 나는 "그럼 어느 정도 돈을 버는 상태가 되려면 어떤 것이 필요할까?" 하고 하나씩 계단을 내려갔단다.

남동생이 중학생 나름대로 도출한 길은 이래. 어느 정도 돈을 벌려면 자신에게 맞는 어느 정도 수입이 들어올 직장을 구해야 하고, 그 직장을 구하려면 그에 맞는 능력이 필요하며, 더불어 어느 정도 사회적 인정 받는 대학을 나오는 편이 분명 유리할 테니, 그런 대학에 합격할 학력을 확보하는 데 유리한 고등학교에 가는 것이 좋을 것이므로 앞으로 좀 더 공부에 매진해야겠다는 것이었어.

사실은 "자신의 보물을 서둘러 발견해서 그것을 잘 연마하는 것이 이상을 실현시키는 가장 빠른 길이야. 고등학교도 대학도 취업도 자신의 보물을 연마하기 위한 수단에 지나지 않는단다."라고 설교하고 싶었지만, 네 동생은 아직 중학생이니까(웃음).

아들의 잠정적인 인생 목적은 '가족을 제대로 부양할 수 있는 어른이 되는 것'이며, 그것을 실현하기 위한 커리어의 목적은 '어느 정도 돈을 버는 것'이고, 그러기 위한 전략은 '1단계: 대학 진학에 유리한 고등학교에 입학, 2단계: 취업에 유리한 대학에 합격, 3단계: 자신에게 맞고 돈을 잘 버는 일자리를 찾는 것'이야. '자신의 적성을 어떻게 판별할 것인가'라는 관점은 빠져있지만, 그래도 중학생이지만 자신의 장래 꿈에서 목적을 추출하고 거기서 전략과 전술을 하나씩 구체화시켜 오늘의 행동으로 연결시켰어. 내용은 아주 대략적이지만 네가 해야 할 일의 과정도 이런 거란다.

막연한 생각에서 구체적인 사고로

또 하나 구직활동 중인 학생의 실제 예를 들어볼게. 구직활동을 막 시작했던 과거의 내 이야기야. 당시의 나도 내가 장래에 구체적으로 어떤 직무능력을 갖고 싶은지, 나아가 어떤 회사에 들어가고 싶은지 등의 구체적인 생각은 전혀 눈에 보이지 않았단다. 어렴풋이 생각한 건 나의 한 번뿐인 인생을 많은 사람들의 힘을 모아 커다란 사업을 할 수 있는 인간이 되면 통쾌하겠다는 것이었지. 그런 상태를 경험하는 입장으로 막연히 '경영자가 되고 싶어'라고 생각했어. 그래서 '통쾌한 인생을 보내기' 위해서 커리어의 목적을 '경영자가 되기 위한 기술과 체험을 쌓는 것'으로 잠정적으로 정했단다. 이때도 이상적인 상태에서부터 발상했던 건 솔직히 그 정도밖에 발상의 단서가 없었기 때문일 거야.

이처럼 이상적인 상태에서부터 이미지를 확장시키고, 거기서 구체적인 것으로 들어가는 사고방법이 커리어를 생각할 때는 좋아. 이걸 '이상적인 상태부터의 발상법'이라고 해둘까. 충분조건에서 필요조건을 생각해가는 것이지. 목적이 채워지는 상태만 상상할 수 있으면 그 이상적인 상태를 구성하는 요소가 더 구체적으로 보이는 경우가 많아.

잠정적이라도 좋고 어렴풋해도 좋으니, 네 나름의 최선을 다해 '목적'을 생각해보길 바란다. 너는 10년 후, 20년 후에 어떤 모습을 하고 있을까?

어떤 상태라면 행복해지는 걸까?

너의 강점을 어떻게 발견할 것인가?

가설이나마 목적이 정해졌다면, 그 목적을 향해 전략을 세워야 해. 전략을 세울 때 가장 중요한 것은 자신의 '자원'(비즈니스에서는 사람, 재화, 돈, 정보, 시간, 지적재산)을 어떻게 인식하느냐다. 전략이란 자원 배분의 선택이므로 어떤 자원을 가지고 있느냐에 따라 취할 수 있는 전략은 상당히 달라진단다. 그러니 커리어 전략을 명확히 하려면 네가 가진 자원에 대해 잘 생각해봐야 해. 앞서 잠정적으로 정한 커리어의 목적을 달성하기 위한 네가 가진 가장 크고 중요한 자원은 무엇일까? 물론 그건 너라는 '사람'에게 내재된 '강점'이란다.

그러니 자신의 강점을 얼마나 빨리 발견해서 무기로 인식해 연마하고 성장시키는 데 집중할 수 있느냐가 커리어의 명암을 가른다. 인식하지 못한다면 강점을 활용할 수 없고, 연마하지 못하지. 그러니 자신의 강점을 찾는 구체적인 사고방식을 정리해볼까 해.

강점은 반드시 좋아하는 것 속에 있다

많은 사람들이 자기 안의 '강점'을 찾는 데 어려움을 겪는 것 같아. 하지만 어떤 방법을 알면 그리 어렵지 않으니 안심하렴. 먼저 이 방법의 핵심이 되는 논리를 설명할게. '강점'이란 자신의 '특징과 그것을 살리는 맥락이 세트'가 될 때 비로소 발휘된단다. 그 두 가지가 세트가 되어 있는 구조를 역이용하는 거지.

갑자기 '특징'을 파악하는 것이 어렵다면 '맥락'에서부터 생각하는 방법이 훨씬 쉬워. 맥락에서부터 생각하기 시작하면 특징에 쉽게 도달한단다. 즉 '강점'을 발견하는 가장 빠른 길은 사회와의 관계 속에서 기분 좋았던 맥락(≒자신이 좋아하는 일을 하고 있는 맥락)을 계속 나열해보는 것이다. 네가 '좋아하는 일을 하고 있는 맥락'이야말로 네 특징이 강점으로써 이미 발휘되고 있을 가능성이 지극히 높거든.

생각해보면 태어나서 오늘에 이르기까지 누구나 천문학적으로 무수히 많은 '동사'를 실행해왔다. 그 하나하나의 행위 실행이 좋은 결과를 가져왔는지 나쁜 결과를 가져왔는지, 세상의 반응을 너는 계속 경험해왔지. 다른 사람에게 말했을 때 좋은 반응이 있었다면 말을 하는 것이 좋아질 거야. 무언가를 잘 생각해서 누군가에게 도움이 되었다면 생각하는 것이 좋아졌겠지. 그러한 무의식 아래에 존재하는 어릴 때부터 현재에 이르는 경험의 집적과 기억이 지금의 너의 '좋아하는 일'과 '싫어하는 일'을 결정지었을 것이다.

지금의 네 취향은 네가 원래 가지고 태어난 특징이 반영된 것이며, 좋아하는 일은 네가 걸어온 맥락에서 '강점이 된 너의 특징'이 집적된 것이라 생각하면 돼. 그 방대한 실험데이터의 경험치에서 호의적으로 선출된 네가 좋아하는 '~하는 것'이야말로 네게 좋은 결과를 가져온 것이 틀림없어. 그 동사야말로 지금까지도 또 앞으로도 네게 긍정적인 결과를 가져올 거야. 즉 그것이 바로 너의 '강점'이란다.

이제 지금까지 자신이 좋아했던 '~하는 것'을 실제로 써보렴. 가방을 좋아한다거나 나이프가 좋다거나 그런 '명사'는 필요 없어. 필요한 건 '동사'다. 준비물은 간단해. 메모용 포스트잇 2~3묶음과 A4 정도의 종이 4장(왼쪽 위에 각각 'T', 'C', 'L', '기타'라고 적어둘 것), 그리고 펜만 있으면 돼.

최소한 50개, 가능하면 100개 정도 좋아하는 행위를 동사로 써보렴. 그것을 하나씩 한 장의 포스트잇에 적어서 책상과 서랍, 벽에라도 붙여두는 거야. 너무 깊이 생각하면 안 돼. 자신이 좋아하는 일을 그냥 '동사'로 써보는 거야. 지금 실제로 해보길 바란다.

너는 많은 '동사'를 써냈을까? 만약 수십 개씩 쓸 거리가 없다면 자신에 대해 잘 아는 가족이나 친구에게 "내가 신나서 하는 일이 무엇인 거 같아?" 하고 물어보자. 그리고 오래된 앨범이나 동영상 등을 보면서 어릴 때부터 지금까지의 자신을 되돌아보고 어떤 때에 자신이 충실했는지, 무엇을 할 때 재미있었는지, 아무리 해도 질리지 않았던 일들을 떠올려보렴. 또 몰두했던 취미나 열중했던 클럽활동 등이 있었다면 그 활동 속에서 자신은 무엇을 하는 데 매력을 느꼈는지 기억의 실마리를 풀어가면서 생각해보면 더 많은 '동사'가 모일 거야.

참고로 점차 비슷한 것들이 모일 테고, 중복되는 것들이 늘어나겠지만 신경 쓰지 않아도 된다. 가령 '운동회의 기마전에서 승리할 작전을 짜는 것을 좋아했다'와 '클럽활동으로 한 농구부에서 지구대회에서 승리할 작전을 생각하는 것을 좋아했다'는 둘 다 '작전을 생각하는 것이 좋다'는 점에서 같아. 그래도 괜찮다. 같은 동사가 두 가지 맥락에서 그 사람을 행복하게 만든 사실을 가시화하는 것이 중요하니까. 최소한 포스트잇 50장은 써야 한다. 중복돼도 괜찮고, 대개는 중복되기 마련이다. 그러니 기분 좋게 계속 써나가길 바란다.

20년이나 살아왔으니 네 강점은 분명 네가 좋아하는 일 속에 있어. 지금까지의 성공은 너의 강점 덕분에 가능했던 것이란다. 그리고 그건 앞으로의 긴 인생에서도 이어지겠지. 회사가 급료를 지불하는 대상은 네가 남몰래 약점을 극복하기 위해 투자하고 있는 노력이 아니야. 회사가 돈을 지불하는 건 네가 만들어내는 실적이며, 그 실적은 너의 강점으로부터 탄생하는 것이니 회사는 너의 '강점'을 사는 것이야. 그걸 알았다면, 연봉을 올리고 싶으면 '강점'을 키워야 해! 성공적인 커리어를 만들고 싶으면 '강점'을 더욱 키워야 해. 모든 것은 강점을 인식하는 것에서부터 시작한단다.

T형 인재,
C형 인재, L형 인재

이제 네가 쓴 동사를 모아서 구분해보자. '강점'이 될 특징에는 다양한 정의가 있을 수 있지만, 그 정의를 너무 세분화하면 반대로 경향을 정리하는 데 복잡하고 사용하기 어려워지는 문제가 있어. 그래서 나는 세상 사람들의 강점(특징)을 크게 세 가지로 구분하고, 큰 특징의 방향성을 이해하는 것부터 시작하기를 조언한다. 이 세 가지 구분법은 무수히 많은 직무능력 자체는 아니고, 특유의 개별 전문성도 아니야. 그저 어느 직무능력에서나 중요한 비즈니스맨으로서의 기초능력으로 분류했다.

바로 T형 인재(Thinking), C형 인재(Communication), L형 인재(Leadership)의 세 가지 분류야. T와 C, 그리고 L은 소위 직무능력 전문성의 토대가 되는 기초능력에 해당된다. 예를 들면 운동선수의 신체능력 같은 것이라고 할 수 있지. 축구의 기술이나 야구의 기술, 체조의 기술 등 구체적인 전문성은 그 신체능력 위에서 키워져. 신체능력이 높으면 어떤 스포츠에서든 유리하듯이 T나 C, L이 높으면 어떤 직무능력에서도 전문성의 습득 정도가 높고 성공확률이 높아진다.

또한 T와 C, L은 어떤 직무능력을 선택하든 모두 중요하다고 할 수 있는데, 어느 것이 뛰어나냐에 따라 적합한 직무능력이 있어. 반대로 어떤 것이 결정적으로 약한 경우에는 그 약점이 치명적이지 않은 직무능력을 고르면 된다. 쉽게 말하면 커뮤니케이션에 무엇보다 취약한 대인공포증을 가진 사람은 영업기술을 생애의 무기로 선택하지 않는 편이 좋다는 말이야. 숫자만 보면 두드러기가 돋는 사람은 결코 파이낸셜 애널리스트를 목표로 삼아서는 안 되지. 신체능력 중에서도 특히 지구력이 우수한 사람은 자연스럽게 장거리 종목을 지향하면 된단다. 도끼로 수염을 깎거나 면도기로 삼나무를 자르는 건 안 될 말이니까.

하지만 T와 C, L은 모두 어떤 직무능력을 고르든 어느 정도는 필요하단다. T를 아예 사용하지 않는 일은 없어서, T가 너무 약하면 어떤 직무능력에서도 사명을 다하기는 어려울 거야. C가 완전히 불필요한 일도 없어. 사람을 전혀 상대하지 않아도 될 일은 거의 없는 데다, 사회성이 아예 결여돼 있으면 조직 속에서 인간관계 때문에 무너질 위험이 크지. L은 대단한 관리직이나 창업가에게만 필요한 것이 아니라 자신을 중심으로 세계에 무엇인가 영향력을 행사하는 힘 같은 거야. 그러니 L이 제로인 사람이 있다면 자기 중심이 전혀 없어서 남들이 시키는 일밖에 하지 못해. 그런 사람은 거의 도움이 되지 않지. 성공하려면 세 가지 다 어느 정도는 필요하단다.

T형 인재, 생각하는 힘: 전략성이 강점이 된다

• **좋아하는 동사:** '이것저것 생각하다', '문제를 풀다', '다른 사람과 논의하다', '승리하기 위한 작전을 짜다', '숫자를 즐기고 계산하다', '새로운 것을 공부하다', '관심이 있는 영역을 연구하다', '분석하다', '자꾸 알려고 노력하다', '예상해서 맞추다', '최소의 노력으로 최대의 성과를 노리다', '전략게임을 하며 놀다', '아무도 생각하지 못한 새로운 것을 생각해내다' 등이 있다.

• **즐기는 취미:** T형 인재는 지적호기심을 채워주는 것이 취미가 된다. 또 일상적으로 가열하는 뇌의 스트레스를 풀기 위한 것도 많다. 호불호나 취미의 유무가 꽤 명확하게 나뉜다. 상징적인 것은 역시나 전략게임. 스마트폰, PC, 비디오게임 등의 시간 때우기는 반사신경만 사용하는 것보다는 '작전'으로 승리하는 것을 선호한다. 장기, 체스, 바둑 등도 같은 이유다. 독서나 프로그래밍을 좋아하는 사람이나 자신이 관심을 가진 영역을 그대로 연구대상으로 삼아 취미화시키는 사람도 많다.

• **일반적인 경향:** T속성은 어떤 과제에 대해 자신의 사고력으로 문제를 해결할 때의 '지적호기심'과 성취감을 만족시키며 일하는 유형이다. 시간이 나면 무의식적으로 과제를 설정하고 머리를 쓰며 논다. 여러 가지 생각에 빠지는 것도 좋아하고, 한 과제에 대해 철저히 논의하는 것도 좋아하며, 머리를 사용하는 전략성이 높은 게임 등으로 시간을 보내길 좋아한다. 숫자에 강한 사람은 차가 막히면 앞 차가 움직일 때까지 무의식적으로 번호판의 숫자를 제로로 만드는 게임 등을 하기도 한다. T형 인재는 행동보다도 먼저 생각하는 것이 습관화돼 있어서 걱정이 많고, 여러 가지를 너무 생각해서 일을 시작하지 못하는 경우가 자주 있다. 남들에게는 '핑계'가 많은 것처럼 비치기도 한다.

대부분의 사람이 흥미가 있는 분야라면 철저히 생각할 수 있고 생각하는 것이 좋다고 여길지도 모른다. 하지만 그것이 바로 T속성이냐면 조금 다르다. 정말로 '생각하는 것을 좋아하는 것'인지, 그저 '좋아하는 정보를 접하는 것을 즐기는 것'인지의 차이다. 어떤 사람이 아주 좋아하는 아이돌의 여러 정보에 접속해 빠지는 것은 T속성이라고 할 수 없다. 그 사람은 그 상품이 좋을 뿐이다.

T형 인재는 주어진 정보만으로 만족하지 않아. 자신의 머리를 사용하지 않으면 즐겁다고 느끼지 못하기 때문이지. 관심이 있는 분야에서 어떤 '연구주제'를 스스로 설정하고 그것을 생각하는 것 자체를 즐긴단다. 좋아하는 가수가 있으면 무의식적으로 '최근에는

음악 스타일이 바뀌었는데, 앞으로는 어떤 음악을 지향하게 될까?' 라거나 '그가 좀 더 잘 나가려면 레벨을 바꾸고 언론에 노출되는 방식도 이렇게 바꿔야 하지 않을까?' 등의 나름의 연구를 한다. 수수께끼를 좋아하고, 수수께끼를 푸는 것도 좋아한다.

C형 인재, 소통하는 힘: 사람과 이어지는 힘이 강점이 된다

• **좋아하는 동사:** '친구나 지인을 만들다', '다른 사람과 만나다', '이야기하다', '이야기를 듣다', 'SNS로 많은 사람들과 연결되다', '사람들이 모이는 자리(파티나 회식)에 참가하다', '사람에게 사람을 소개하다', '소문을 이야기하거나 듣다', '패션 아이템을 보거나 멋을 즐기다' 등이 있다.

• **즐기는 취미:** C형 인재는 인맥 만들기가 취미라고 할 수 있다. 관심사가 다채로우며 남들과의 연결이나 사교성을 만족시키는 것, 또는 그 사교성을 보강하는 것을 취미로 삼는 사람이 많다. SNS로 LINE이나 인스타그램을 활발히 하는 것도 C 유형이다. 소위 말하는 '파티 피플'도 전형적인 C형이다. 인맥을 넓히기 위해 골프나 여행 등 사교할 만한 이벤트가 있으면 즐기면서 적극적으로 참가한다. 또 남들에게 어떻게 보일지에 대해 매우 신경을 쓰므로, 패션에 열을 올리는 사람이 많다. 술집, 남들이 모르는 맛집, 여행지 정보 등에도 매우 밝다.

• **일반적인 경향:** C형 인재는 대체로 커뮤니케이션 능력과 사교성이 높은 특징을 보인다. 남들과 친하게 지내기, 사람들과의 관계를 넓고 더 긴밀하게 하는 것이 살아가는 원동력이다. 표정이 풍부하고 매력적인 사람이 많으며, 말주변이 뛰어나고 이야기를 잘 들어주며, 사람을 대하는 데 능하며 타이밍을 잘 잡는다. 물론 C형의 사람이라도 궁합이 맞지 않는 상대는 있으며, 인간관계로 인해 고민할 때가 있지만 모티베이션의 근원은 역시 '사람들과의 관계'에 있다는 것이 특징이다. T나 L인 사람에 비해 커뮤니케이션을 성공시키기 위해 상대방과의 '적절한 타이밍'으로 뛰어드는 힘, 즉 '남들로부터 사랑받는 재능'이 우수하다. 개인적으로는 무척 부러운 유형이다(웃음).

그리 친하지 않았던 옛 지인에게서 청첩장이 왔을 때 나라면 '이런 걸 왜 보냈지…' 싶었을 텐데, 순순히 기뻐하는 것이 바로 C형의 사람이다. 사람들과의 관계와 넓고 깊은 인맥을 가진 자기 자신에게 가치를 두므로 상대방이 자신을 결혼식에 부를 만큼 소중하게 생각해준 사실에 자기긍정감이 높아져 기쁘게 여긴다.

C형 인재는 여러 사람들이 모이는 자리나 초면인 사람과 만나는 일도 고역스럽지 않다. 어릴 때부터 사람들과 금세 친해지고, 사람들의 호감을 사고, 사람들과 좋은 관계를 유지하는 데 자신이 있기 때문이다. 그 자신감이 외교적으로 활발한 사회생활을 가능하게 한다. 결과적으로 필요에 따라 'OO 씨를 안다'거나 'XX 씨는 친구'라

고 말할 수 있는 것이 C형 인재에게는 매우 중요하다. 주위에는 좋든 나쁘든 '팔방미인'으로 비치지만 매력적이고 사교적이어서 어떤 집단에서든 인기가 좋다.

L형 인재, 변화를 일으키는 힘: 사람을 움직이는 힘이 강점이 된다

- **좋아하는 동사:** '무언가를 성취하다', '높은 목적을 정하고 도전하다', '지휘하다', '커다란 변화를 일으키다', '스스로 결정하다', '사람들을 이끌어가다', '집단에서 책임 있는 역할을 맡다', '자기 나름의 정의감에 불타 행동하다', '후배를 도와주다', '사람들에게 꿈을 이야기하다', '사람들에게 용기를 주다' 등이 있다.

- **즐기는 취미:** 성취감을 맛보는 것이 삶의 보람이므로 취미도 그 취향을 반영한 금욕적인 것이 많다. 취미의 종류는 T나 C인 사람과 겹치지만, 스포츠나 아웃도어 등에 매진하는 방식이 늘 어떤 '성취감'을 추구하는 열성을 보인다는 특징이 있다. 굳이 경향을 말하자면 자기 안에서 도전할 목적이 명확해지기 쉬운 취미다. 러닝이나 마라톤, 헬스장 다니기 등이 대표적이다. 트라이애슬론에 도전하는 사람 중에 경영자가 많은 것은 L속성의 비율이 높기 때문이다. 육체적인 취미가 아니더라도 L형 인재가 관심을 가지려면 도전할 만한 가치가 있는 난이도와 깊이가 필요하다. 어느 정도의 성취감을 느끼거나 반대로 너무 어려워서 성취감을 맛보지 못할 것이라고 깨달

아버리면 그동안의 흥미를 잃어버린다. 취미 동호회 회원들로부터 인정을 받으면서도 힘든 사람이라는 평가를 받는다.

• **일반적인 경향:** L형 인재는 무조건 도전과 성취를 좋아한다. 자신이 행동함으로써 자신에게 보이는 세계에 좋은 변화가 생기는 것을 삶의 보람으로 여긴다. 짊어져야 할 위험의 크기는 경험에 따라 차이가 있지만, 기본적으로는 T나 C인 사람보다 리스크를 무겁게 여기지 않는 경향이 있다. 무언가에 도전하는 것을 좋아하므로, 성공체험만이 아니라 나름대로 도전해 실패한 좌절경험도 있어서 정신적으로 강인한 사람이 많다.

L형 인재는 집단 속에서 눈에 띄는 보스형 존재이므로 사람들이 모이면 리더 역할을 맡는 경우가 많다. 그 리더십의 재능은 통계적으로는 어린 시절부터 발현하는 것으로 알려져 있다. 학교에서는 학생회장(부회장)이나 클럽활동의 주장(부주장), 학급에서는 위원장(부위원장) 등의 심부름꾼이자 통솔자 역할을 자주 해온 사람이 많지. 대학의 친구들 모임에서도 역시 자연스레 리더 역할을 해. 과거에 그런 역할을 많이 해온 사람인지 아닌지에 따라 L속성의 유무는 비교적 쉽게 판단할 수 있다.

L인 사람은 '골목대장'이 되는 것을 좋아해. 권력욕과도 통하는 면이 있는데, 세계가 자신을 중심으로 돌아갔으면 하는 바람을 갖고 있으며 그에 가까운 기분을 실감할 수 있는 역할을 주는 집단을

위해 다소의 아픔이나 손해는 생각하지 않고, 옳다고 생각하는 일에 분골쇄신한다. 목적의식이 강하고 다소의 어려움에는 꺾이지 않으며, 성취를 위해 주위 사람들까지 끌어들여 매진한다.

성격에 맞는 직업 분야 고르기

너의 강점은 무엇이니?

앞서 좋아하는 일을 추출한 '동사'의 포스트잇을 이 세 가지 계통 중에서 가장 가까운 것으로 나누고 계속 붙여보렴. 아무리 생각해도 이 셋 중에 전혀 해당되지 않는다면 제외시켜도 괜찮아. '잠을 자는 것이 좋다'나 '먹는 것을 좋아한다'는 건 T, C, L에 관계없이 모든 사람이 그러니 '기타'에 모아두면 되겠지. 너무 깊이 생각하면 안 돼. 경향만 알면 되니 착착 나눠보자.

50~100장을 구분한 후에 포스트잇이 가장 많이 붙여진 성향이 바로 너의 속성을 드러내고 있을 가능성이 높아. 경험상 80퍼센트 이상은 T나 C, L 중 하나에 현저하게 가장 집중돼 나타나고, 그 비

율은 'T : C : L'이 대략 '3 : 3 : 1'이야. 실은 L형인 사람은 적다는 거지. 또 그중에는 두 계통에 집중되는 사람도 있고, 아주 적지만 세 계통에 골고루 분산되는 사람도 있어.

한 계통에 집중되는 사람은 매우 명확한 강점이 나타나. 승리하는 방법은 명확하게 그 계통을 활용할 직무능력을 선택하고, 그것을 갈고 닦는 취업자리를 찾는 것에 망설이지 않아도 돼. 두 계통에 집중되는 사람(나도 해당)은 그 두 가지가 강점이 되고 나머지 한 가지가 두드러지는 약점이 될 가능성이 높아. 강점의 조합이 무기가 되도록 전략을 짜면 된다.

세 가지 계통에 분산되는 사람은 특징이 없는 듯 보이지만 실은 그렇지 않아. 무엇이든 그런대로 좋아하고, 또 무엇이든 할 수 있는 가용성을 가지고 있다는 건 극히 드문 특징이지. 다만 뭐든지 할 수 있으니 소거법을 사용하기가 힘들어. 이 유형인 사람은 직무능력의 선택에 남들보다 고민이 많을 거야. 하지만 이왕 드문 유형이니 그 특징을 잘 활용하면 돼. 무엇이든 골고루 잘해야만 가능한 직무능력, 그것을 고른다면 자신의 특징을 무기로 삼을 수 있을 거야.

I형 인재와 기타_번외편

비즈니스맨의 기초능력인 T, C, L로 나누어 자신의 특징을 대략적으로 파악하는 방법을 설명했다. 굳이 한 가지 더 추가한다면 Innovation(혁신성)이나 Imagination(상상력), Creativity(창의력) 등의 용어가 의미하는 '재미있는 것을 생각해내는 영역'을 넣고 싶은 사람이 많지 않을까? 그 특징을 여기서는 'I인 사람'이라고 부르기로 하자. I인 사람은 상상력이 풍부해. 남들이 생각하지 못하는 발상을 하거나 콜럼버스의 달걀 같은 아이디어를 내며, 지금까지의 연장선상에는 없는 것을 창조하는 것을 좋아한다.

이 I의 특징을 이노베이션 사고라고 하고 '생각하는 힘의 파생'이라고 본다면, T속성의 하나라고도 할 수 있다. 실제로 내가 속한 전략구축이나 고도의 수치분석을 하는 세계에서도 다각적인 관점에 더해 착안점이나 발상의 독창성이 나날이 중요해지고 있어. 그리고 그것을 Creativity(창의력: 새로운 아이디어를 발상하는 힘)라고 본다면 크리에이터나 예술가 등의 직무능력 전문기술이라고 여길 수 있지. 마치 법조계에 뜻을 둔 사람에게 필요한 윤리적 사고처럼 '직무능력의 전문기술'이라고 구분될 거야.

앞의 세 가지 구분을 얼마든지 복잡하게 나눌 수 있지만, 늘리면 늘릴수록 실용성이 떨어지므로 더 근본적이고 커다란 구분인 세 가지로 심플하게 나눌게. 앞의 세 가지 구분의 연습에서는 I의 요소를 T에 포함시켜 생각하기로 하자.

하지만 'I의 요소'의 중요성만은 강조하고 싶어. T인 사람뿐만 아니라 가령 L인 사람이 사회에 변화를 가져오는 것이 삶의 보람이라면 인생 자체가 'I인 사람'과 같다. 모든 사람에게 있어 AI가 많은 일자리를 빼앗게 될 너희 시대에는 인간만이 만들 수 있는 많은 부가가치를 I의 요소가 만들어낼 거야.

강점을 살려서 직무능력을 고르려면?

너의 T, C, L의 경향은 어떤 결과가 나왔을까? 지금까지 보아온 네 성장과정을 생각하면 아마도 결과는 극단적인 'T인 사람'이 아닐까 싶다. 과감하게 T로 편향돼 도쿄스카이트리처럼 뾰족한 유형이 아닐지 두근거리는 마음으로 예상해본다.

그것을 균형이 부족하다며 비관적으로 받아들이지 마라. 이것은 어디까지나 네 안의 상대적인 특징을 파악하기 위한 연습이니까, 네 경향을 발견했다면 그것으로 충분해. 어떤 특징이든 긍정적으로 받아들이렴. 가지고 태어난 특징은 너의 보물이니까.

너처럼 균형을 무시한 편향이 있다는 것, 그것도 하늘이 주신 하나의 재능이야. 생각하는 것으로 승부할 운명으로 태어난 것이라고 생각하면 된다. 당당하게 T인 사람으로서 돌파하면 되는 거야. 남은 문제는 어느 분야에서 그 힘을 갈고 닦을 것인가 뿐이야. 네 경우에는 '생각하는 힘 = 사고력 ≒ 문제해결력 ≒ 전략적 사고능력'이란다. 이러한 영역에 있는 자신의 강점을 어떻게 살리고, 어떤 직무능력을 구축해야 할지 그것을 차차 설명하도록 하마. T인 사람, C인 사람, L인 사람, 각각에 맞는 직무능력의 경향이 있어.

T형 인재에게 적합한 직무능력

지적호기심을 원료로 삼아 생각하는 힘을 연마하고 더 큰 결과를 내는 선순환으로 커리어를 만들어가는 것이 기본전략이다. T속성은 직무능력 전반에 유리한데, T를 특히 더 활용할 수 있는 직무능력이라면 파이낸스, 컨설팅, 연구직, 각종 '사'자 직업, 애널리스트, 마케팅, 기획 등 지적노동의 난이도와 농도가 강한 직무능력에서 T의 특징은 더 유리하게 작용할 거야.

T형 인재는 스스로 생각해서 끝까지 파고들 대상으로 '흥미를 가질 수 있는 영역'을 고르는 것이 무엇보다 중요하다. 생각하는 것이 좋고 특기라고 해도, 그것은 자신에게 '지적호기심'을 자극하는 분야에 관해서일 뿐 관심이 없는 분야에 대해 생각하는 것은 고역이다. T인 사람이라도 국어보다 숫자에 약한 사람이 있을 테고, 그 반대도 있어. 따라서 T인 사람은 지력을 쏟기에 부족하지 않은 열정이 샘솟는 분야를 골라야 한단다. 직무능력은 그 방향 위에서 선정하는 것이 기본이다.

쉬운 예를 들면, 만약 흥미를 가진 분야가 법률이나 법무라면 법무 관련 문제해결 전문가라는 직무능력을 선택하고, 구체적인 진로는 법조계로 가서 다양한 '사'자 직업(변호사, 변리사, 행정사)이나 기업의 법무부에서 경험을 쌓을 수 있어. 마찬가지로 재무나 세무, 회계에 관심이 있다면 공인회계사나 세무사 등의 직업이나 기업 내의 경리재무 커리어를 고르면 된다. 마케팅에 흥미가 있다면 마케터를 목표로 삼으면 된다. 금융에 관심이 간다면 전문분야가 다양한 금융업계 중에서도 더 관심이 있는 영역을 찾아 전문성을 기르면 된단다.

만약 타인에 비해 상대적으로 사고력이 어느 정도 뛰어나다면 그 사람은 모든 직무능력에서 역량을 발휘할 수 있다. 사고력이 뛰어난 사람은 머리가 좋으니까 어떤 직무능력에서든 성공할 확률이 높아. 일도 빨리 배우고, 일을 요령 있게 하는 데다, 기존의 방식에서 개선점을 찾아내는 것에도 능하며, 습득 가능한 기술의 수준도 끝을 모르니 분명히 유리한 영향을 주지. 비즈니스의 세계에서도 두뇌가 뛰어난 인재는 널리 중시되는데, 그 경우에는 얼마나 빨리 비즈니스에 도움이 되는 전략적 사고력을 익히느냐가 중요할 거야. 가급적 커리어의 빠른 단계에 자신의 직무능력 영역을 넓은 시야로 관망하고 실전경험과 양질의 훈련을 많이 할 수 있는 환경에 있다면 매우 행운이겠지.

T형 인재가 직무능력에서 특출나면 만약 L속성을 겸비한 경우에 비즈니스 세계에서는 경영계층으로 올라설 확률이 높아진다. 과거 USJ의 CEO 글렌 검펠 씨는 강한 T형 경영자였어. 나는 세븐일레븐으로 편의점 문화를 만든 스즈키 도시후미 씨와도 대담을 나눈 적이 있는데 그도 특출난 T형 경영자라고 느꼈다. 나는 아직 만나본 적이 없지만 언론에 드러난 언행으로 보았을 때 아마존의 제프 베조스도 그렇게 보이는구나.

C형 인재에게 적합한 직무능력

강력한 커뮤니케이션 능력을 무기로 사용하며 사람과 사람을 연결해 새로운 가치를 만들어내는 직무능력에서 활동하는 것이 기본전략이다. C형 인재는 사람을 상대하는 직무능력 전반에서 유리한데, 대표적인 것으로는 프로듀서, 영업직 전반, 광고 전문가, 협상가, 많은 관계자를 둘러싼 기획직(광고에이전시 등), 저널리스트, 정치가 등 인맥구축력이 성패를 좌우하는 직무능력이 유리하다.

교우관계나 인맥을 늘리는 데 적극적인 C는 특히 프로듀서쪽에서 진면목을 발휘한다. 많은 사람과 아이디어를 이어주는 허브이기도 한 프로듀서는 아이디어를 가진 크리에이터, 제작자 측의 여러 전문가, 프로모션이나 판매계획을 맡은 비즈니스 측 사람들, 자금 제공자인 투자가와 은행 등 여러 사람들을 끌어들여 프로젝트의 형태를 만들어간다.

또한 영업전반에 적합하다는 것이 C형 인재의 강점이다. 참고로 뛰어난 영업기술은 AI시대에도 가장 잠식당하기 힘든 것 중 하나가 아닐까. 왜냐하면 사람이 물건을 사는 이상, 사는 쪽이 안심과 신뢰를 사고 싶은 구조는 바뀌지 않으니까. 구매결정의 최종단계인 고객심리에 직접 숫을 넣는 영업기술은 기업 매출구조의 '최종병기'로 계속 남을 것이다.

그렇기에 어떤 시대에도 가장 수요가 많은 직무능력이며 탑 세일즈맨의 연봉이 회사에 따라서는 사장보다 높은 경우도 왕왕 있다. 한 번 몸에 익힌 영업기술의 근간은 회사를 옮겨도 꽤 쓸모가 있지. 물론 C인 사람이 아니면 영업으로 성공하지 못한다는 이야기는 아니야. T인 사람도 L인 사람도 각각의 특징을 살린 영업스타일로 성공할 수 있다. 대인기술에 아주 부적합하지만 않다면 많은 사람이 한번쯤은 검토해볼 만한 직무능력 중 하나다.

사람과 사람을 이어주는 네트워크력 이외에도 C형 인재는 전달하는 능력에 특징을 가진 이가 많다. 프레젠테이션을 잘할 소질을 구비한 사람이 많은 것이지. 물론 훈련과 경험을 쌓아야 하지만, 같은 것을 상대방에게 전달하는 데 더 명쾌하게 호감을 주며 전달하는 방법에 능한 사람은 모두가 중시한다. 기업의 PR이나 섭외 등의 외교관적인 역할에도 적합하고, 고객을 대상으로 한 프레젠테이션이 매우 중요한 업계에서도 힘을 발휘할 수 있을 것이다. 그 강점을 철저히 갈고 닦아 필살기로써 '프레젠테이션 도사'가 되는 것도 좋아. 프레젠테이션 능력자는 어느 팀이든 한 명쯤은 있어주면 정말로 감사한 존재니까.

L형 인재에게 적합한 직무능력

높은 목적의식으로 자신이 기점이 되어 주위를 움직이고, 조직에 높은 퍼포먼스를 발휘시키는 능력을 무기로 커리어를 개척해가는 것이 기본전략이다. L형 인재가 적합한 직무능력 중 대표적인 것은 조직총괄능력이나 의사결정능력을 연마한 후에 관리직, 경영간부, 경영자 등의 매니지먼트직을 맡는 거야. 또 수평적으로도 팀을 결속시켜 목적을 향해 추진하는 일, 프로젝트 매니저, 프로듀서, 연구개발리더 등이 적합해. 사내에서 그런 프로젝트 리더 역할을 겸하는 경우가 많은 마케터에도 적합해.

L인 사람은 다른 사람으로 하여금 결과를 내게 만드는 강점이 뛰어난 경우가 많다. 자신의 능력을 가장 잘 발휘하는 것은 L인 사람이 '조직'을 맡았을 때야. 자신이 직접 이끄는 조직의 통솔은 물론이고 관련된 타부서나 핵심인물을 끌어들여 지향하는 목적을 향해 집단적으로 퍼포먼스를 향상시키지. 만약 자신이 L속성이 강한 특징을 갖고 있다면 어떤 직무능력부터 시작하든 빨리 관리직으로 올라서도록 해야 한다. 위로 올라갈수록 힘을 발휘할 가능성이 높으니까.

L형 인재는 자신의 주위에 변화를 일으키는 데 능하다. 회사의 어떤 부서에 있건 직무권한이 없어도 정보나 의견을 활발히 내어 주위에 영향력을 행사함으로써 자신의 세계를 더 좋게 바꾸려고 한다. 자신의 책임 외의 일에도 관심을 갖고, 서로의 연계를 생각하며 자신 이외의 주위를 잘 살핀다. L속성이 강한 사람은 이른바 '지시대기족'이 되지 않으며 스스로 생각해 능동적으로 움직인다. 오히려 남이 이래라저래라 일일이 지시하는 것을 좋아하지 않으며, 스스로 결정하는 기쁨을 느끼는 사람이 많다. 그리고 위기 상황에도 강하다.

그런 L인 사람의 특성은 어떤 직무능력에서든 매우 중시되므로 유리한 특징인 것은 틀림없다. 창업가나 경영자로서 성공할 확률이 높은 것도 L속성이다. L형 인재는 사람을 쓰는 능력이 뛰어나기 때문이다. 자신에게 부족한 능력이 있다고 해도 T인 사람이든 C인 사람이든 L인 사람이든 필요한 직무능력을 가진 우수한 사람을 고용해 기분 좋게 일하게 만들 수 있다. L속성이 강한 사람은 비전을 이야기하며 조직의 목적을 명확히 하고 사람들의 의욕을 고취시켜 조직 전체의 퍼포먼스를 높일 수 있다. 결속시키는 조직이 클수록 빛을 발하게 된다.

여기까지 T, C, L의 세 가지로 구분해 자기 자신의 특징과 각각에 맞는 직무능력의 경향을 생각해봤다. 지금까지의 연습을 통해 자신이 장래 나아가야 할 커다란 방향이 조금은 보이기 시작했는지 모르겠구나. 자신이 가진 강점과 약점이 어떤 것이고, 그 특징을 집중적으로 연마하면 보물이 될 것 같은지 어렴풋이 머릿속에 그려지지 않았을까?

어느 정도 자기인식이 생기면 다음에는 세상에 존재하는 많은 직무능력을 조사해서 알아보면 된다. 선배들과의 만남이나 지인의 실제 이야기를 들을 기회도 질문의 초점이 정해져 있으니 더 의미 있는 시간으로 바뀌겠지. 그런 자신에게 적합할 것 같은 '많은 정답' 중에서 몇 가지를 후보로 선정하고 더 구체적으로 생각해보면 된다. 생각해야 할 것은 한 가지야. 자신의 어떤 특징을 그 직무능력에서 살릴 수 있을 것 같은가?

버려야 할 것은 몇 안 되는 오답뿐이다.

Thinking – T형 인재

좋아하는 일 생각하기, 문제 풀기, 논의하기, 작전 짜기, 계산하기, 공부하기, 연구하기, 분석하기, 알아가기, 예상하기
즐기는 취미 전략게임, 장기, 체스, 바둑, 독서, 프로그래밍
적합한 직종 파이낸스, 컨설턴트, 연구직, 각종 '사'자 직업, 애널리스트, 마케팅, 기획계통

Communication – C형 인재

좋아하는 일 친구 만들기, 사람 만나기, 이야기하기, 이야기 듣기, SNS 소통하기, 모임 참가하기, 사람 소개하기, 멋을 즐기기
즐기는 취미 SNS, 파티나 골프, 여행 등의 이벤트, 패션, 맛집 정보
적합한 직종 프로듀서업, 영업직 전반, PR/광고, 협상인, 광고대리점, 저널리스트, 정치가

Leadership – L형 인재

좋아하는 일 성취하기, 목표에 도전하기, 사람을 이끌기, 변화를 일으키기, 스스로 결정하기, 책임 있는 역할하기, 남을 돕기
즐기는 취미 러닝, 헬스장 다니기, 트라이애슬론, 금욕적인 것
적합한 직종 관리직, 경영자, 프로젝트 매니저, 프로듀서, 연구개발리더

제너럴리스트가 아닌
스페셜리스트가 되길!

직무능력을 쌓을 전쟁터로 가라!

여기까지의 이야기를 들으며 너도 실감했을 거야. 채소로 비유해볼게. 가지가 자신이 가지라는 걸 아는 건 매우 중요하지만, 사실 그게 가장 어려운 법이란다. 남에 대해서는 비교적 잘 알지. 하지만 자신이 가지인지 토마토인지 또는 오이인지 양파인지 애당초 무엇을 의미하는지, 무엇을 하고 싶은지 전혀 명확하지 않은 채로 이십여 년을 보내버리는 것이 사람들의 전형적인 패턴이야. 내가 너만 할 때도 그랬으니까.

명확하지 않은 상태가 이십 몇 년으로 끝나면 다행이지만, 실제로는 구직활동을 할 때조차 자신이 어떤 사람인지 잘 생각해보지 않고 취직한 후에 주어진 눈앞의 일에만 급급한 하루를 보내느라 점점 더 생각할 시간이나 마음의 여유가 없어져 '전략 없는 커리어'의 상태로 평생을 보내는 사람도 있으니까. 언제쯤이면 "당신은 무엇을 할 수 있나요?"라는 질문에 대답할 수 있는 걸까?

낮은 자기인식은 개인 간의 경쟁에서도 매우 불리하게 작용해. 자본주의는 서구형 개인주의를 경쟁원리의 기본구조로 삼기 때문이야. 자신의 강점과 약점을 알지 못하면 자신의 어떤 능력에 집중적으로 투자해야 할지를 몰라. 시간과 정신력, 체력에는 반드시 한계가 있어. 전략이 없는 커리어는 틀림없이 '패자의 레시피'가 된다. 경쟁사회에서 커리어를 성공시키기 위해 필수적인, 자신의 자원을 투자하는 '선택과 집중'을 어렵게 만들기 때문이지.

대학을 갓 졸업한 자기인식이 낮은 사람이 그대로 P&G 같은 글로벌기업에 들어가서 철저한 개인주의로 단련된 미국인과 인도인, 중국인들과 진짜로 경쟁해서 승리하기란 지극히 어렵단다. 우리가 자각을 정리하는 동안에 승부는 나버려. 본질은 영어실력이 아니야. 지력이 높아도 경쟁에서 이기기 위해 필요한 행동을 못하는 거야. 낮은 자기인식으로 인한 '전략 없는 커리어'가 문제란 말이다.

우선은 자신을 알고, 너의 특징을 살릴 수 있는 수많은 정답 중에서 하나의 직무능력을 선택한 후, 그 직무능력을 경험할 전쟁터로 나아가야 해. 취업한다면 가급적 익히고 싶은 직무능력 쪽으로 배치해줄 회사를 골라야 한다. 신규 졸업자 경우에는 직무능력을 약속해주는 회사가 많지 않겠지만, 자신이 지향하는 직무능력과 그 이유를 채용하는 회사 쪽에 득이 된다고 제대로 전달해야 하지. 이 직원을 어디서 사용하는 것이 회사로서 득이 큰가? 회사는 그것을 생각하거든. 처음에는 다른 부서에서 시작해서 결국 희망하는 부서로 배치될 수 있을 거라는 회사보다는 처음부터 희망하는 전문성을 경험할 수 있는 쪽으로 배치해줄 확률이 높은 회사가 직무능력의 관점에서는 매력적인 선택이 될 거야.

하지만 여기서 직무능력의 확실성을 우선하느냐, 다른 '중심축'을 우선하느냐의 판단은 사람마다 달라. 직무능력에 관해 양보할 수 없는 확고한 희망이 있다면 그것을 최우선의 '중심축'으로 선택하면 돼. 과거의 나처럼 경영자가 되고 싶다는 막연한 목적만 있을 뿐, 직무능력은 영업기술이든 파이낸스기술이든 마케팅기술이든 아무래도 상관없던 상태라면 그 세 가지 직무능력 범위에 배치되는 이상 다른 중심축을 우선해서 골라도 괜찮겠지. 어쨌든 네 '중심축'에 따라 정하면 된단다.

그런데 네가 어떤 직무능력을 익힐 수 있을지 상상하기 힘든 회사는 피하는 편이 좋아. 그 회사의 서른 살 내외의 몇 사람에게 어떤 직무능력을 갖고 있는지, 지금 어떤 권한을 갖고 어떤 일을 하는지 물어보면 될 거야. 명쾌한 답이 돌아오지 않는다면 그건 프로를 키우지 않는 조직일 가능성이 커. 실제로 많은 기업의 시스템이 그에 가까운 상태이니 조심해야 한다. 회사에서 주어진 일을 묵묵히 하다가 적당히 뺑뺑이를 돌고 광범위하게 아는 제너럴리스트가 된다고 하지만, 진실은 어느 영역에서도 프로가 아닌 어중간한 인재를 대량 생산시키고 있지. 그런 시스템에 인생을 맡기고 싶니?

예전의 고도경제성장시대라면 기업들이 모두 플러스 성장을 했으니 그런대로 괜찮았어. 하지만 지금의 시대는 규모의 성장이 아니라, 기업 간에 작아지는 파이 속에서 점유율을 치열하게 나눠갖는 질적인 전쟁에서 살아남아야만 해. 어중간한 인재를 많이 가지고 갈 기업은 적다는 말이지. 어중간한 사람일수록 중도에 밖으로 내쳐질 리스크가 나날이 커지고 있어.

그러다가 정신을 차리고 보면 어느새 20대는 끝나고 30대도 눈 깜짝할 사이에 사라지며, 40대에는 점점 세월의 속도가 빨라지다가 금세 50대의 발소리가 들리게 된단다. 게다가 인생 100세 시대라는 무서운 말이 들리는 고령화사회에서 정년퇴직의 시기나 연금수급 개시기는 점차 멀어지고 일을 해야 하는 직업인생은 60세가 아닌, 65세, 70세로 점차 늘어날 것이 틀림없다.

깨달음은 언제든 너무 늦은 때란 없다지만, 당연히 빨리 정신을 차리는 편이 좋아. 가급적 빨리 또 가급적 머리가 유연할 때 의도적으로 기술을 높이는 도전을 선택하는 여행을 시작해야 한다. 그것을 할 수 있는 사람은 비슷한 능력을 가지고 있어도 그것을 못하는 사람에 비해 커리어의 성공확률이 훨씬 높아지지. 상대는 연마하지 않은 원석, 이쪽은 의지를 갖고 보석으로 연마해가고 있으니 그 빛깔이 달라지는 건 당연한 일이다. 경쟁상대가 되지 않아. 커리어의 실적이 눈에 띄게 달라질 테고, 10년만 지나면 연봉도 차원이 달라진다. 필요하면 선택할 수 있는 이직의 옵션도 완전히 다르다.

자신이 가지라면 훌륭한 가지를 목표로

자신이 주인공인 인생을 살고 싶다면 생각 없는 '좀비'가 평화롭게 살던 시대의 판타지에 젖어 있으면 안 된다. 자신의 직무능력을 자신 이외의 누군가가 결정하게 하면 안 돼. 프로를 양성하지 않는 조직에 몸을 맡겨서도 안 된다. 한 사람의 인간으로서, 한 사람의 프로로서 특징을 살려 커리어를 자율적으로 만들어야 해. 본디 갖고 있던 특징을 강점으로 삼아 활용하고 성장시켜라. 지금의 환경에서 그것이 불가능하다면 살릴 수 있는 환경을 찾아 그곳에서 새롭게 노력하는 거야!

내가 P&G에 입사했을 때 많은 도움을 준 같은 마케팅본부의 몇 년 선배 F 씨가 있었어. 그 분은 앞을 잘 읽는 비상한 두뇌와 매사의 원리를 이해하는 데 이상하리만큼의 치밀함과 열정을 불태우는 특이한 '특징'을 가진 사람이었지. 하지만 그는 마케팅본부에서 요구되는 독특한 리더십을 약점으로 계속 지적받더니 결국에는 회사로부터 '당신은 브랜드 매니저가 될 수 없다'는 선언을 듣고 말았어.

그 말을 들은 그는 '사내부서이동'을 결심했단다. 마케팅본부에서 로지스틱스를 리드하는 생산총괄본부로 부서를 바꾸었지. 이게 참 잘 들어맞았어. 그의 '특징'이 생산총괄본부에서는 잘 살아나서 불타오르기 시작했거든. 그는 눈 깜짝할 사이에 중요한 해외임무를 여러 번 경험하는 에이스가 되었고, 대공장장이 되는 등 대활약의 출세를 했단다. 본인도 되돌아보며 그때 마케팅본부에서 제 갈 길을 깨닫게 해줘 운이 좋았다고 했어. 이렇게 특징과 환경이 맞아 떨어지면 사람의 가능성은 폭발하는 법이야.

가지에게는 가지에게 적합한 토양이 있다고 하는구나. 가지를 적합하지 않은 토양 사정에 억지로 맞추거나, 억지로 오이로 만들려고 하면 안 된다. 그렇게 하면 가지는 그저 안타까운 가지가 될 뿐이거든. 자신이 가지라면 훌륭한 가지가 되고, 오이라면 훌륭한 오이가 되도록 끊임없이 노력해야 해. 자신의 특징을 잘 알고, 강점을 연마한 후, 그 강점이 더 잘 살아날 환경에서 살아가다 보면 네가 가지고 태어난 가능성은 분명 크게 꽃피게 될 거야.

제4장

커리어란 자신을 마케팅하는 여행이다

'나'라는 브랜드를 만드는 방법

면접에서 긴장하지 않는 마법

사람은 어째서 긴장하는가?

너는 앞으로의 구직활동에서 계속되는 채용면접을 몇 번이고 경험하게 되겠지. 지금까지 나는 채용당하는 쪽의 입장도 경험했지만 채용하는 입장으로도 수백 명 차원을 넘어선 취업준비생을 면접해왔단다. 그 경험으로 솔직히 말하자면, 너의 구직 면접도 많은 선배들이 그러했듯이 대부분은 생각처럼 잘되지 않을 거라고 생각하는 편이 좋다. 원래 그런 것이라고 어깨의 힘을 빼고 이이야기를 들어주렴. 구직 면접뿐만 아니라 앞으로 수없이 경험하게 될 중요한 회의의 프레젠테이션이나 더 많은 사람 앞에서 설 때 네 퍼포먼스를 크게 높이기 위한 나의 조언을 정리해보려고 한단다.

대전제로 나는 '전달방법(HOW)'보다 '내용(WHAT: 무엇을 전달하는가)'이 훨씬 중요한 의미를 갖는다고 확신해. 네가 얼마나 수려하게 말하느냐보다 네가 이야기하는 내용이 훨씬 더 너의 가치를 결정한다는 사실을 잊으면 안 돼. 확실한 건 결정적 순간이나 인생에서 '전달방법'이 아니라 '내용이 10할'이라는 거야. 전달방법은 내용이 있을 때 비로소 가치를 가지지. 0에 얼마를 곱하든 제로이듯이 알맹이가 없는 이야기를 줄줄 해본들 누구의 머리도 마음도 울리지 못해. 제로에 무언가를 곱했는데 통하는 회사라면 오히려 채용되지 않는 편이 네 인생에는 더 이득일 거야.

네 구직 면접이나 수천 명을 앞에 둔 강연회에서도 가장 중요한 것은 같아. 이야기하는 방식이 아니라, 이야기하는 '내용'으로 사람에게 감동을 주느냐 마느냐, 그것이 평가의 분기점이란다. 그러니 사전준비에서 집중할 것도 '어떻게 말할 것인가'가 아니라, '무엇을 말할 것인가'란다. 너라는 인간의 가치를 더 잘 이해할 수 있도록 내용을 준비하는 것에 초점을 맞춰야 하는 것은 두말할 것도 없어.

물론 내용 100에 0을 곱해도 제로가 돼. 전달방법이 너무 안 좋으면 전달이 안 되니 곤란한 건 맞아. 하지만 보통이라면 성실하게 국어로 말하기만 해도 전달방법이 0이 되지는 않아. 반면에 내용은 쉽게 0이 되지. 내용이 거의 0인데도 아무 신경을 쓰지 않는 사람의 머리 위에는 그야말로 사조성이 빛나고 있을 거야.

HOW를 생각하기 전에 반드시 WHAT을 생각할 것. 그리고 WHAT을 생각하려면 WHO를 잘 알아야만 해. 커뮤니케이션은 마케팅 자체라는 생각을 자주 한단다. 결국은 누구에게 전달하는가(WHO) → 무엇을 전달하는가(WHAT) → 어떻게 전달하는가(HOW)의 순서로 생각하는 것이 옳아. 하지만 WHAT을 제대로 생각하지 않았으면서도 쓸데없이 HOW만 고민하는 사람이 대부분이야. HOW로 고민하는 많은 경우는 WHAT이 약한 게 원인이지. 내용이 빈약한 상태로 생각하니까 전달방법으로 고민하는 결과가 나온다는 걸 모르고 있어.

WHAT(내용)만 확실하면 그걸 그냥 자신의 말로 열심히 전하기만 하면 돼. 화법에는 특별한 기술도 아무것도 필요 없어. 좋은 회사의 면접관이라면 네가 어떤 인간인지 알고 싶어서 그 자리에 앉아 있을 거야. 그리고 사소한 차이는 있을지언정 어느 회사라도 꼭 필요로 하는 인간의 요소에는 공통점이 많단다. 그것이 바로 T, C, L이야. 핵심이 되는 부분은 같다고 해도 되겠지.

내용 준비가 잘된 후라면 HOW를 준비해두는 건 플러스야. 하지만 적당히 해도 돼. 너무 의식을 빼앗길 정도라면 HOW는 적당히 하고 운에 맡기는 편이 나아. 네가 C가 강한 사람이라면 이야기가 달라지지만, '뛰어난 화법'은 그리 단기간에 어떻게 할 수 없는 경우가 많거든. 내일의 프레젠테이션이나 10분 후의 면접을 위해 준비하기에는 시간이 없지. 오히려 능숙하게 전달하려고 해도 자신의 기술부족이나 준비부족, 또는 예측하지 못한 질문에만 의식을 빼앗겨 점점 불안이 증폭되기도 해. 실전에서는 그 불안이 가장 무서운 적인 '긴장'을 불러온단다.

많은 취업준비생이 그렇게 자폭해버려. 기업의 면접 담당자가 어떤 질문을 할지 직전에 예상답안을 생각하고 잘 대답할 수 있는 '방법'을 강하게 의식하며 실전에 임하지. 하지만 현장에서는 생각처럼 말이 나오지 않거든. 자신의 생각이 강하면 강할수록 손에서는 식은땀이 나고, 머리도 입도 잘 돌아가지 않으니 능숙하게 답하기는커녕 질문 자체를 정확하게 이해하지 못하는 상태에 빠지기도 해. 평소라면 어렵지 않게 대답할 수 있는데도, 부담이 가해지는 상황에서는 평범하게 해내기가 어려워. 인간은 압박이 있는 상황에서 '긴장'하는 동물이거든.

여기서 긴장에 대해 조금 이야기해보마. 인간은 불안이 있으면 긴장하는 생물이야. 다소 개체 차이는 있지만 동물이 살아남기 위한 본능으로 살아간다면 현재상황의 변화를 피하려는 성질을 타고 나지. 지금 있는 산에서 그럭저럭 먹고 살 수 있을 정도라면 다른 산으로 이동해서 불확실한 상황에 놓이는 걸 피하려고 하는 게 동물의 본능이야. 이건 대부분의 동물의 뇌에 각인된 현재상태유지기능이라서 어쩔 수가 없어. 현대인도 뇌가 불안을 감지하면 그 불안을 임박하는 '변화'로 인식해 의도와 달리 뇌가 그 행동을 일부러 실패시키려고 한단다.

그것이 바로 긴장의 정체, 변화를 싫어하는 뇌의 현재상태유지기능이야. 가령 프레젠테이션의 경우, 그것이 중요할수록 성공하면 생활에 커다란 변화가 생기고 인간관계나 일의 복잡성에 변화가 일어나 스트레스에 노출되고 생존확률이 낮아질 것을 뇌는 두려워한다. 그래서 판단력이나 근육을 평소처럼 자유롭게 기능하지 못하도록 하여 프레젠테이션을 실패시키려고 하지. 면접에서도 마찬가지야. 긴장으로 제대로 말을 하지 못하거나, 머리가 잘 돌아가지 않는 건 본능이니 어쩔 수가 없다.

남에게 나를 억지로 맞추지 않는 법

그런데 나는 프레젠테이션을 할 때도 면접을 볼 때도 긴장하지 않아. 저명한 인물과 만날 때도 수천 명의 청중 앞에서 말할 때도 전혀 긴장하는 일이 없단다. 최근의 이야기가 아니라 20년 동안 계속 그랬다. 어째서일까? 나는 긴장에서 해방되기 위한 '어떤 준비'를 하고 있거든.

'어떤 준비'란 무엇일까? 바로 자기 자신의 브랜드인 'My Brand'를 미리 설계해두는 일이다. 이 준비 덕분에 나는 말을 잘해야겠다는 생각을 전혀 하지 않아도 되는 상태가 되었어. 그래서 결정적 순간의 불안이나 부담이 없어져서 면접이나 프레젠테이션의 긴장으로부터 해방돼 그야말로 내용으로 승부하는 중심축에 의식을 집중할 수 있단다. 나라는 인간이 마음 깊은 속에서부터 믿고 있는 것을 그저 열심히 똑같이 전달하기만 하면 된다. 이로써 부담을 가질 필요가 거의 없어졌다.

나는 20대 중반에 나 자신을 브랜드화하는 것을 생각했어. 처음부터 불안이나 긴장을 해소할 목적으로 시작한 것은 아니야. 사교성이 부족한 내가 주위로부터 이해받기 쉽도록 하려는 마음에서 시작했단다.

너도 잘 알겠지만 세상의 상식으로 보면 나는 꽤나 '특이한 사람'이야. 어릴 때부터 세상과 타협하기가 어려웠지. 내가 좋다고 생각한 걸 하면 할수록 세상과 충돌하고, 세계는 내게 계속 벌을 주었어. 나의 긍정적인 의도를 주위에서는 잘 이해하지 못하는 그런 별에 태어난 거야. 나는 분위기 파악도 잘 못해. 드물게 분위기 파악을 해도 그 분위기에 따르는 건 더 잘 못하지.

P&G에서 14년 동안 마지막 상사로부터 들은 최대의 개선할 점은 최초의 상사로부터 들은 말과 완전히 똑같은 '사람들과 친하게 지내기'이고, 그건 초등학교 때 담임 선생님이 통지표에 적어준 내용과 똑같았어. '사람들과 친하게 지내기'는 내 인생의 목적이 될 수 없기에 어쩔 수 없어. 내 어머니는 어린 시절의 나를 "비상식적이야!"라며 혼냈고, 초등학교 때부터 나를 아는 네 엄마도 "어쩜 옛날부터 줄곧 사회성이 그렇게 없는지!" 하고 어젯밤에도 나를 비난했단다. 더 이상 쓸 약도 없어.

그런 내가 P&G에서 바쁜 나날들 속에서 많은 사람들과 일하며 얼마나 고생했을지 상상하기 어렵지 않겠지? 상대방에게 호감을 사기 위해 또는 높은 평가를 받기 위해 신경을 쓰고 나를 개조해서 보이는 일은 너무나 어려웠어. 그 약점이 곳곳에서 나의 커리어에 재앙을 가져올 것을 머리로는 알고 있었지만, 남들에게 맞추는 것이 너무 어려워서 그런 노력에 시간과 정신력을 할애하는 일은 매우 번

거롭고 고통스러웠단다. 내가 아무리 신경을 써서 노력해도 잘되지 않아. 그것이 내 성격이고 동시에 장점이기에 어려운 거야. 결국은 나는 목적을 위해 거리낌 없이 사람들과 충돌하는 것을 고르겠지….

하지만 사실은 번거로운 직장 내 인간관계로 번뇌하지 않고 좋아하는 일에 더 집중하고 싶었어. 비즈니스 빌더로서 사고의 심연을 열어 누구도 생각하지 못한 전략을 만들어내는 일에만 집중하고 싶었던 거야. 그래서 주위 사람들과의 어려운 타협에 쓸 비용을 대폭 낮출 방법은 없을까? 그런 절박한 심정으로 어떤 방법을 생각해냈어.

마케팅 기법을 사용해 자신이 커뮤니티에서 이해받기 쉬운 구조를 만드는 걸 생각해낸 거야. 나를 하나의 브랜드로 설계해버리는 거지. 그렇게 하면 매번 상대방에게 전달해야 할 팔레트는 일정하면 되고, 그러는 편이 주위 사람들의 눈에 나에 대한 인상도 안정되므로 평가나 이미지도 정착되기 쉬울 거야. 쉽게 말해서 '저 녀석은 원래 저런 놈이지만, 이런 점은 가치가 있으니까 뭐 어쩔 수 없지'라고 생각하게 만드는 것. 그것을 한두 명이 아니라, 내 주변에 일관되고 일정한 브랜드 이미지로 확립시키는 거야. 주위에 나 나름의 독특한 가치를 이해시키고, 나라는 인간에게 약간의 가시가 있지만 주위 사람들로 하여금 '저 사람은 저런 사람'이라고 익숙해지게 하여 용서받으려는 전략이었지.

그 효과는 당초의 기대보다 훨씬 컸어. 'My Brand'의 설계도는 커리어를 성공시키는 세 가지 효과를 가져오는 궁극의 마법 구성식 같은 것이었다.

첫 번째 효과: 프레젠테이션이나 면접에서 긴장하는 것으로부터 해방된 인생을 보낼 수 있다.

두 번째 효과: 자신의 커리어 전략에서 가장 중요한 방침으로 기능한다. 어떤 직무능력을 개발해야 할지, 어떤 업계에서 어떤 실적을 쌓아야 브랜드(자신)가 강력해지는지 그때그때의 판단이 명확해진다.

세 번째 효과: 처음에는 이상적인 비율이 많던 설계도에도 점차 현실적인 실력이 붙으면서 결과적으로 자신의 이름으로 승부할 수 있는 비즈니스맨이 될 확률을 급격히 높여준다. 자신의 브랜드 지분이 층층이 쌓여가는 것이다.

여기서는 내가 체득한 마법을 거는 방법을 가급적 쉽게 알려주고 싶구나. 잘 들어줘. 앞으로 너의 긴 커리어에서 결정적인 차이를 낳을 것이라고 믿는 마케팅 노하우의 커리어 전략에 대한 응용이야.

마케팅 자체의 기초적인 이해는 너 자신을 위해 지극히 유용한 지식임을 특별히 말해두고 싶구나. 어떤 직무능력을 선택하든 너의 성공을 위해서는 일반적으로 사용되는 마케팅의 기초적인 상식을 미리 머릿속에 넣어두기 바란다.

자, 시작해보자.

너는 어떤 캐릭터가 되고 싶니?

설계한 대로 점점 성장한다

우선은 '브랜드'에 대해 알아야 한단다. 브랜드란 '페라리'나 '디즈니랜드'처럼 그 기호가 인간에게 상기시키는 '의미'이며 '가치'야. 나는 브랜드야말로 사람의 머릿속에 만들어지는 '팔리는 원리'의 본질이라고 생각한다.

가령 '도요타'가 사람들 머릿속에 '잘 망가지지 않는다'는 탁월한 신뢰성을 브랜드 이미지로 확립시키지 못했다면 전 세계적으로 이 정도로 성공하지 못했을 거야.

브랜드는 자연히 형성되는 것이라고 생각하는 사람도 적지 않지만, 진실은 그렇지 않아. 일류 마케터는 브랜드를 의도적으로 설계하고 개조하는 노하우를 갖고 있지. 구매자가 고를 확률을 높이는 요소를 선정하고, 역으로 계산해서 그 이미지를 가진 브랜드를 구매자의 머릿속에 구축해가는 거야.

가령 '30년 동안의 할리우드 영화 콘텐츠가 있는 테마파크'보다는 '자신이 좋아하는 콘텐츠가 있는 테마파크'가 훨씬 더 선택될 확률이 높아. 그런 생각을 하도록 여러 방법을 투입해서 USJ의 방문객은 배로 늘었어. 구매자의 머릿속에서 자사 브랜드가 선택받을 확률이 높아지도록 브랜드의 이미지를 조작하는 것을 '브랜딩'이라고 해. 브랜딩이야말로 마케터의 핵심이란다.

그렇다면 자기 자신을 브랜딩해보자는 것이 내 생각이야. 브랜딩하기 위해 가장 필요한 것은 개인이든 기업 브랜드이든 다르지 않아. 그것은 바로 자기 자신이라는 브랜드의 설계도야. 마케팅에 대해 잘 모르는 너는 '자신의 브랜드 설계도라니 어떤 거지?'라는 생각이 들 거야. 머릿속에 그려볼 수 있도록 쉬운 표현을 쓰도록 하마. 자기 자신의 '캐릭터 설정'을 명확히 써보고 가급적 그 설정대로 매일 행동한다고 생각하면 이해가 더 쉬울까?

다만 무작정 설계한다고 잘되는 건 아니야. 브랜드의 설계도는 목적에 따라 다르지만, 이 경우에는 구매자가 자신이라는 상품을 사줄 확률을 높이도록 설계하지 않으면 의미가 없겠지. 면접관이나 평가를 할 상대방에게 선택받을 수 있도록 설계해야만 해. 자기 자신이 뽑힐 확률을 높인다는 뜻이야. 즉 상대방의 머릿속에 있는 자기 자신에 대한 상대적인 선호도를 높이기 위한 전략을 명확히 하는 거야. 나는 이것으로 실제 커리어를 꽤 유리하게 구축해왔다는 확신을 갖고 있어.

이 'My Brand'를 한번 제대로 설계해서 정의해두렴. 그러면 그 후가 아주 편해질 거야. 면접이든 프레젠테이션이든 평소의 행사든 모두 이 My Brand의 심플한 설계도대로 자신이 인식되도록, 일관된 행동을 염두에 두기만 하면 된단다. 다르게 말하면 '나 자신'은 이미 정해져 있으므로 상대방에 따라 내용 자체를 크게 바꿀 필요도 없어. 일관된 브랜드가 정의된 설계도 속에서 상대방을 가장 적절히 공략할 만한 행동을 하면 그만이야.

이 My Brand는 하면 할수록 적응이 쉬워. 일일이 면접 직전에 스토리를 구성하지 않아도 되지. 반복할수록 머릿속에 스며들어 점차 자연스러운 말로 이야기할 수 있게 되거든. 당연히 마음에 여유가 생기고 긴장감도 사라지지. 그렇게 나는 비즈니스의 긴장으로부터 해방됐다(하지만 너도 알 듯이 남들 앞에서 바이올린을 연주할 때면 아직도 긴장하는 '수전증'이 남아 있어. 그건 분명 음악을 하는 내 자신이 불확실하고 자신감이 없어서일 거야).

자신이 설계한 My Brand에 따른 행동을 하면 자기 자신이 My Brand가 가리키는 방향으로 점점 성장하는 걸 실감하게 될 거야. 뇌가 끊임없이 의식하는 방향으로 행동이 따라가는 인간의 습성을 이용하는 거지. 현실의 자신과 방향이 다른 별도의 인격 브랜드를 설계하면 이야기는 달라지지만, 대개는 조금씩 가까워지는 것이 자연의 섭리야.

너는 이제부터 구직활동을 시작하니 지금이야말로 설계도를 만들 최상의 타이밍이란다. 우선은 'My Brand'를 설계해보렴. 모든 것이 거기서 시작되니까. 괜찮아, 브랜드 설계도의 성립과 의미는 지금부터 생각하면 돼. 앞으로의 커리어를 승리로 이끌도록 My Brand를 어떻게 설계하는 것이 좋을지 고려해야 할 요점에 대해서도 기탄없이 조언하마. 물론 실전에 어떻게 활용할지는 네 몫이란다.

'My Brand' 설계도

우선은 설계도의 프레임워크가 될 다음의 삼각형 도식을 보렴. 이 삼각형을 '브랜드 에쿼티(Brand Equity) 피라미드'라고 부르자. 이것이 브랜드의 설계도야. 더 정확히 말하면 내가 평소 피라미드로 브랜드를 설계할 때 이용하는 가장 복잡한 도식을 너의 브랜드 전략을 위해 사용하기 쉽도록 심플하게 조정한 버전이란다. 쉬운 버전이라고 해도 기본이 되는 개념은 실제 브랜딩의 설계와 공통되지. 가령 USJ를 재건시키기 위해 새로이 브랜드를 설계할 때도 같은 사고방식(더 정교하지만)을 썼단다.

이 도식의 의미를 이해하는 것부터 시작하자. 이것은 브랜드 구축의 열쇠가 되는 '흔들림 없는 이미지 전략'을 도식화해서 구체화하는 데 이용해. 삼각형의 가장 위에서부터 크게 WHO(누구에게?), WHAT(무엇을?), HOW(어떻게?)라는 세 항목으로 나눠져 있으며, 그것을 피라미드 전체가 상층부에 있는 브랜드가 활동하는 전쟁터(마

도형 I: **브랜드 에쿼티 피라미드**(커리어 개발용·간이버전)

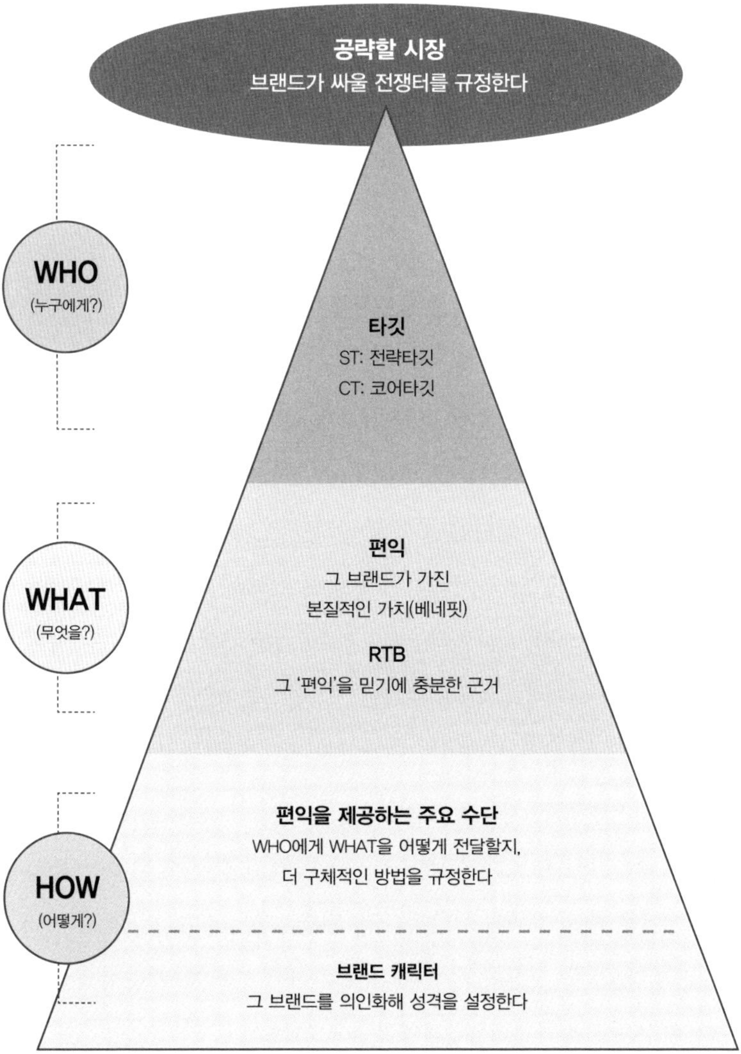

켓: 시장)에 꽂는 구도로 되어 있다.

용어에 대해서 좀 더 설명한 후, 더 좋은 My Brand를 설계하기 위해 중요한 네 가지 포인트에 대해 설명하도록 하마. 그 설명을 머릿속에 넣고 실제로 개인을 브랜드화해보는 사례를 몇 가지 소개할 거야. 그렇게 '아, 이런 식으로 하는 거구나'라는 감을 잡은 후, 실제로 이 삼각형을 사용해 너도 My Brand를 설계해보렴.

공략할 시장: 모든 선택지 중에서 '전쟁터'를 규정한다

우선 브랜드가 진입할 활동영역(도메인)을 정해야 해. 이건 기업브랜드로 생각하면 '시장'이고, '업계'야. 가령 일본을 대표하는 금융브랜드인 '미쓰비시UFJ은행'이 활동하는 도메인은 '세계의 금융시장'이고, 파생하는 관련기업의 도메인도 포함하면 활동영역은 매우 넓지. 나의 옛 직장 P&G의 도메인은 '세계의 가정소비재시장'이며, USJ에게는 '아시아의 엔터테인먼트 시장'이었어.

전쟁터를 규정하는 의미는 규정하지 않는 경우를 생각하면 쉽단다. 언제 어디서든 싸운다는 기업이나 브랜드는 경영자원의 배분이 넓고 얇아져서 어느 전쟁터에서도 전력이 고갈돼 승리하지 못해. 또는 너무 좁은 범위에 집중하다가 살아남기에 필요한 매출을 벌어들이지 못하지. 시장이 너무 좁아서 굶어죽는 거야. 따라서 도메인의 설정은 목적과 자신의 경영자원에 비춰 너무 넓지도 좁지도 않도록 하는 것이 기본이야.

그 사고방식을 커리어 전략으로 치환해보면 어떻게 될까? 자신이 가진 자원에 비춰 너무 넓지도 좁지도 않은 노동시장을 정의해야만 한다. 네가 제3장에서 만든 자신의 '목적'을 달성하기 위해 My Brand를 구축할 시장은 어디여야 할지 생각하면 돼.

사람에 따라서는 그 전쟁터가 하나의 회사 내부일 수도 있어. 실제로 샐러리맨의 대부분은 그런 의식을 갖고 있지 않을까? 사내에서 좋은 평판을 얻는 것, 사내에서 출세하는 것, 그것밖에 의식하지 못하지. 하지만 중장기적으로 커리어 전략을 생각할 때는 도메인의 설정은 자신의 회사뿐만 아니라 더 큰 경기장에서 승부하는 편이 좋아.

예를 들면 잡 마케터에게 그 사람이 가진 직무능력으로 정의하거나(마케팅업계, 변호사업계 등), 그 기업을 포함한 업계로 정의하거나(자동차업계, 관광업계), 지금의 전쟁터를 포함한 더 큰 우주에서부터 My Brand가 설 위치를 생각하는 편이 좋을 거야. 왜냐하면 설령 이직의 가능성을 의식하지 않고 계속 사내에 남는다고 해도, 그렇게 하는 편이 My Brand가 강해지기 쉽거든. 종이에 쓰면 그만이 아니라, 실제로 행동이 수반되면 사회와의 접점을 가지게 되어 퍼스펙티브가 넓어지고 발상의 실마리나 성장의 자극을 더 많이 얻게 된단다.

신규 졸업자의 구직활동의 경우에는 도메인을 설정할 때 직접 발품을 팔아 시간을 쓸 기업의 후보를 정하지. 그러니까 중요해. 세상에는 별의 수만큼이나 많은 회사가 있단다. 그걸 전부 아는 건 불가능하고, 자신이 1분이라도 시간을 더 써야 할 회사는 극히 소수에 불과하거든. 명확한 우선순위를 정하지 않고 그저 많은 회사를 돌아보기 시작하는 건 '전략 없는 어리석은 자'가 하는 짓이야. 너의 커리어의 목적, 자신의 특징에 맞는 직무능력, 그것들을 종합적으로 생각해서 어떤 기준으로 기업을 돌아볼지 이 도메인의 정의에서 명확히 써보자.

그래, 필요한 건 '중심축'이야. 제3장에서 생각한 네 선택의 '중심축'이 여기서도 등장하지. 그런 '중심축'을 종합한 결과, 사람에 따라서는 구직활동의 전쟁터를 '금융업계'로 쓰는 사람도 있고 '마케팅을 습득할 수 있는 회사'로 쓰는 사람이나, '여성이 일하기에 좋은 직장'이라고 쓰는 사람도 있을 거야. 각자 자유롭게 생각하면 되는데, 중심축 자체는 누구에게나 중요해. 중심축이 없으면 전략을 쓸 수 없으니까.

구직활동은 시간이 지극히 한정돼 있어. 중심축을 명확히 해서 도메인을 정의하고, 대상으로 삼은 '물고기'를 낚기 위해 움직이기 시작해야 할 시기와 순서, 준비를 한 후 확률을 높이는 편이 유리하단다. 너무 안달할 필요는 없지만, 중심축만큼은 일찍 명확히 하고 돌아봐야 할 '업계' 또는 '기업후보'의 채용프로세스의 흐름을 파악해두렴. 그러지 않으면 타이밍을 놓치게 되거든.

WHO: '누구에게' 팔 것인가?

☑

WHO는 브랜드의 타깃(자원을 집중적으로 투입할 표적)을 규정한다.

브랜드의 타깃 설정에는 주로 '전략타깃(ST: Strategic Target)'과 '코어타깃(CT: Core Target)'이 있다. 전략타깃이란 브랜드가 선택받을 확률을 높이기 위해 경영자원(광고선전비 등)을 조금이라도 투하하는 넓은 범위를 뜻하며, 코어타깃이란 전략타깃 중에서 더 집중적으로 예산을 투하하는 좁은 범위를 의미한다.

그러면 이 사고방식을 커리어 전략에서 네가 My Brand를 설계하는 경우로 바꿔보면 어떻게 되겠니? 가령 지금부터 '주식회사 모리오카상사'의 구직면접으로 향하는 너의 '전략타깃'은 누구겠니? 전략타깃이란 네가 조금이라도 시간과 지력 등의 '자원'을 써서 My Brand의 이미지에 맞는 인상을 남겨야 할 넓은 범위를 뜻해. 너는 모리오카상사의 취직 합격을 간절히 따내고 싶은 상황이라고 설정해보자. 그럼 ST는 누구일까? 잠시 생각해보렴,

ST는 모리오카상사에서 '너와 접점을 가질 가능성이 있는 모든 사람들'이다. 전화나 메일로 대응해주는 창구역할을 하는 사람부터 직접 또는 간접을 불문하고 너의 채용과 탈락 판단에 영향을 미칠 가능성이 있는 모든 사람들이 너의 전략타깃이 되지. 회사 복도에서 스쳐지나가는 사람들도 당연히 ST이니, 가까운 스타벅스에서 쉴 때조차도 주위에 ST가 있을 가능성을 의식해야만 해.

그렇다면 먼저 취직한 선배들을 방문했을 때 눈앞에 앉아 있는 그 선배는 어떨까? 당연히 그들은 언니 오빠로서 이야기 상대가 되어주는 선심을 쓰는 게 아니란다. 사회인이 평일에 시간을 쓰는 것이니 회사의 허락을 받고 그 자리에 앉아 있어. 선배들에게 신경을

쓰렴. 기업에 따라 다르지만 만났을 때의 네 인상을 회사에 알리거나, 추천권한을 가지거나 뒤에서 희망자를 추천하는 임무를 맡은 경우도 있으니까.

그러니 전략타깃 중에서도 특히 집중적으로 너의 노력을 투입해야 할 대상으로 먼저 취직한 선배를 '코어타깃(CT)'으로 설정하는 것도 괜찮은 판단이란다. 선배들을 방문할 것이라면 좋은 결과를 얻도록 상대방이 면접관이라고 생각하고 제대로 준비해야 한다. 이때 나눈 대화로 상대방의 머릿속에 My Brand에 대한 인상을 주려면 어떻게 할지 생각하자. 면접에서는 눈앞에 앉아 있는 '면접관'이 가장 중요한 코어타깃인 것은 말할 것도 없을 거야.

다음으로 신규 졸업자로 입사한 후의 브랜드 설계도를 생각해보자. 코어타깃은 너의 평가에 직접적으로 큰 영향을 주는 사람들(상사와 그들의 상사 등)이며, 전략타깃은 평가자에게 영향을 주는 무시할 수 없는 사람들(타부서, 동료, 부서 내 평판 등)로 상정하면 이해하기 쉽겠지.

WHO를 정의하는 근본적인 의미는 전략의 기본 중에서도 기본인 사고방식이야. '선택과 집중'을 가능하게 하는 것이지. 너의 한정된 자원(시간, 기력, 수고 등)은 정말 희소하므로 시장의 모든 상대방에게 평등하게 노력을 분산시킬 경우 누구에게나 너의 인상은 어중간해지고, 어느 한 사람도 너라는 브랜드를 구입하지 않게 된단다.

WHAT: '무엇을' 팔 것인가?

WHAT은 브랜드의 '가치'를 규정한다. 구매자가 그 브랜드를 사는 본질적인 이유가 여기서 정의돼야 해. 그 가치(구매의 본질적인 이유)를 브랜드의 '편익(베네핏)'이라고 한다. 소비자는 어떤 이유를 대든 본질적으로는 '정서적으로' 의사결정을 한다. 따라서 WHAT은 눈에 보이지 않는 경우가 대부분이야.

가령 USJ의 티켓을 사는 사람은 입으로는 "해리포터 어트랙션을 타러 왔다!"고 말하지만 그들이 정말로 사려는 가치는 눈에 보이는 것이 아니야. 정말은 그것을 체험했을 때의 설렘과 두근거리는 '감동'을 얻고자 돈을 지불하지. 따라서 WHAT의 '편익'은 '감동'이며, 해리포터 어트랙션은 '감동'을 만들어내기 위한 장치 즉 HOW에 불과하단다.

마케터는 프로덕트(HOW)를 디자인하기 훨씬 전에 어디의 누구에게(WHO) 어떤 본질적인 가치(WHAT)를 제공할지 명확히 정의해야만 해. 소비자가 사는 건 '편익'이기 때문이야. 사람들이 사는 것은 드릴이 아니라 드릴이 뚫어주는 '예쁜 구멍'이라는 이야기다. 현실에서는 이를 깊이 있게 이해하지 못하는 경영자가 너무 많지만 말이다.

이제 구직활동의 맥락으로 바꿔보자. 이 WHAT의 '편익'에 해당하는 것은 너라는 브랜드의 본질적인 가치란다. 상대기업이 너를 사야 할 이유가 여기서 명확히 정의돼야 해. 가령 사교적이고 밝으며 말하기를 좋아하는 P 씨의 '편익'의 경우에는 '많은 사람과 함께 있는 것이 즐겁다'고 정의하면 당연히 안 돼. 편익은 P 씨가 바라보는 가치가 아니라, 어디까지나 WHO에서 정의한 My Brand의 구입자에게 가치 있는 것이어야 함을 잊지 말아라. 적어도 '누구와도 금세 친해진다' 정도는 해두지 않으면 아무도 P 씨를 채용하지 않을 테니까.

그리고 'RTB'라는 건 WHAT에 포함되는 중요용어로 'Reason To Believe'의 약자를 가리키는데, 브랜드의 편익을 믿게 만들기 위한 중요한 드라이버가 된다. 가령 스포츠 스타 '요시다 사오리 선수'를 브랜드라고 생각하면 편익은 '영장류 최강'이고 RTB로는 선수의 실적인 '세계대회 16연패' 등이 해당한다. 커리어의 RTB로는 실적이나 자격 등 객관적으로 '편익'을 믿게 할 근거인 에비던스(증거)를 정의하게 된다.

경리재무영역의 높은 전문성을 편익으로 가진 사람이 공인회계사나 세무사 등의 자격을 가진 경우에는 강력한 RTB가 된다. 그런 화려한 자격을 가진 사람은 드물기 때문에, 특히 구직활동에서는 이제껏 자신의 인생에서 RTB가 될 재료를 찾아야 한다. 학창시절에 자신이 무엇에 열중했는지, 그 속에서 자기 나름으로 얻은 경험과 실적을 이야기하고 그것을 RTB로 삼아 편익을 믿게 하려는 전략을 펼쳐야 하지.

HOW: '어떻게' 팔 것인가?

HOW는 편익을 제공하기 위한 수단을 말한다. 구매자 측에 잘 보이지 않는 WHAT과 달리 눈에 보이는 브랜드 요소는 거의 모두 HOW라고 생각하면 된다. 도요타의 자동차도 그리코의 빼빼로도 앞에 나온 해리포터 어트랙션도 프로덕트는 모두 HOW다. 전략의 사고방식으로 정리하면 WHAT이 자원을 집중할 '전략'을 규정하는 데 비해, HOW는 그 전략을 구체적으로 실행하기 위한 계획이다. '전술'을 규정하는 셈이야.

그렇다면 커리어 전략으로 바꿨을 때의 HOW는 무엇일까? WHAT에서 정의한 자기 자신의 '편익'을 WHO에서 정한 '타깃'에게 전달하기 위한 구체적인 체제를 여기서 표현한단다. 가령 WHAT으로 '뛰어난 리더십'을 내세우는 Q 씨가 리더십을 발휘할 구체적인 방법을 WHO인 타깃이 떠올리기 쉽도록 HOW에서 구체적으로 모두 정의하는 거란다. '곤란한 상황에서도 사람들의 의욕을 높이는 것이 장기'라거나 '감정에 휩쓸리지 않고 늘 올바른 판단을 하는 자세를 갖추고 있다'처럼 WHAT을 구현시키는 스타일을 설정하면 될 거야.

가장 아래에 있는 '브랜드 캐릭터'는 그 브랜드를 인격으로 보였을 때 타깃(WHO)이 어떤 인물로 여길지를 규정한다. 브랜드 캐릭터는 의인화한 브랜드의 성격을 정의하는 형용사다. 소비자는 정서적으로 일을 판단하는 경우가 많으므로 브랜드 캐릭터가 다르면 구매확률이 변화한다. 브랜드 캐릭터는 호불호에 영향을 주는 중요한 요소 중 하나지. 가령 공통의 WHAT을 가졌다고 했을 때 A 씨가 '적극적', B 씨가 '냉정하고 침착함'이라는 브랜드 캐릭터를 가진 경우, 회사나 채용담당자에 따라서 선호도가 나뉠 것이다.

여기까지 대략적으로 브랜드의 설계도인 브랜드 에쿼티 피라미드에 관련한 용어를 설명했어. 이 삼각형에서 규정하는 요소를 네 나름대로 생각해서 너라는 브랜드를 써보고 객관화하면 더 디자인하기 쉬워지는 것이 도식화의 장점이란다. 이 삼각형은 처음에는 종이 위에 써보지만, 최종적으로 WHO에서 규정한 타깃의 머릿속에 저장된다. 구매자의 머릿속에 이 삼각형을 각인시키는 것이 바로 브랜딩이다.

실제로 네 자신을 설계하기 시작하기 전에 이러한 단어의 이해와 개인에게 해당되는 경우의 사고방식에 조금 더 익숙해지렴. 그러기 위해서 실제 My Brand의 브랜드 에쿼티 피라미드를 통해 이해를 돕고 싶구나. 내가 20대에 사용했던 실제 브랜드 에쿼티 피라미드를 이용해 설명하마.

참고로 말해두자면 이건 자신을 브랜드화하는 것을 인식한 20대 중반의 내가 어디까지나 미래에는 '이렇게 되고 싶어!'라는 바람으로 포장한 나란다. 20대부터 'P&G 최강의 비즈니스 빌더'로 불리지는 않았을 거야(웃음). 그렇게 불리도록 이 설계도에 따른 직무능력을 연마하고 큰 실적을 내기 위한 하루하루를 보냈다고 보면 된다.

대략적으로 설명하마. WHO에 관해서는 명확할 거야. 정면으로

도형Ⅱ: 20대의 '모리오카 츠요시' 브랜드 설계도

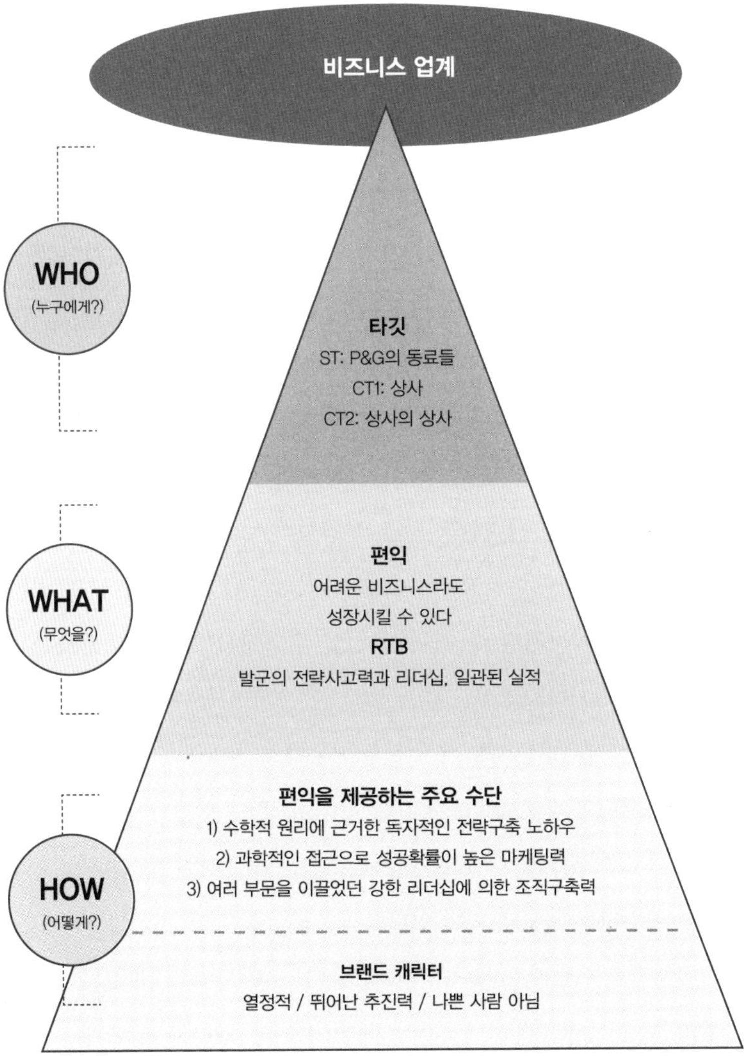

평가자들에게 초점을 맞췄단다. 다음은 WHAT인데 '편익'은 솔직하게 당시의 내 희망을 반영했지. 나는 어떤 비즈니스라도 성장시킬 수 있는 사람이 되고 싶었거든. 누가 해도 잘되는 난이도에는 흥미가 없었고, '뭐? 이 비즈니스가 회생했다고?'라며 사람들이 놀랄 만한 높은 장애물을 향해서 그것을 가능하게 할 수 있는 희소한 전투력을 갖추고 싶었단다. 나중에 연간 방문객이 700만 명까지 떨어져 사조성이 빛나던 USJ에 굳이 뛰어든 것도 같은 생각이었어. 또 RTB는 나의 특징인 두드러진 T와 L 두 가지를 무기로 하는 걸 기본전략으로 삼았지. 그리고 '결과'를 내는 데 매진했어. 말이 필요 없는 실적이야말로 역시 최강의 RTB니까 말이야.

이것이 최상이라고는 생각하지 않지만, HOW를 쓰는 기본은 WHAT에서 정한 커다란 전략을 실행하기 위해 더 구체적이고 주위에서 보는 자신을 정의하면 좋을 거야. WHAT의 '어떤 어려운 비즈니스라도 성장시킬 수 있는' 사람을 주위에서 뭐라고 부를지 상상하면 'P&G 최강의 비즈니스 빌더' 정도가 아닐까? 당시의 나는 이 정도로 생각했나 봐. 거기에 주요무기인 전략구축능력, 서브무기인 마케팅력과 조직구축력을 정하고 이 세 가지 능력을 높임으로써 WHAT의 편익인 '어려운 비즈니스라도 성장시킬 수 있다'는 가치를 실현하는 구조로 되어 있단다.

마지막으로 브랜드 캐릭터는 지금 이걸 보면 당시의 내 고뇌가 배여 있는 듯해서 웃음이 난다. 이 세 가지는 당시의 나 그 자체야. 열정을 넘어서 '열광적'으로 매진하는 스타일. 벽이 있으면 부수고 방해하는 놈은 충돌해서 부숴버리고, 그럼에도 앞으로 나아가는 멧돼지의 뛰어난 완력을 가졌지. 이 둘에서는 자신의 '특징'을 그대로 반성하지 않고, 오히려 강점으로 밀어붙일 각오를 잘 엿볼 수 있어.

감개무량한 것은 마지막 하나구나. 그래, 나는 인간관계의 타이밍에 취약한 사람이어서 이 설계도를 만들기로 생각했던 거야. '나쁜 사람 아님'이라니 대체 뭐지? 옛날의 여러 사건들을 떠올리며 잠깐만 눈물을 닦고 올게(웃음). 이때는 모두 나를 나쁜 사람이 아니라고 생각하지는 않았구나. 역시 이 무렵의 나는 아직 어렸구나 싶어. 좋은 사람이니 나쁜 사람이니 나중에는 아무래도 상관없을 일을 당시의 나는 아직 몰랐단다.

기업이 선호하는 인재상을 만드는 네 가지 포인트

브랜드 설계도에 조금은 익숙해졌겠지? 이제 네가 My Brand를 설계할 때 어떤 포인트에 신경을 써야 강력한 브랜드가 탄생할지 설명해보마. 브랜드 설계도를 종합적으로 보고 다음의 네 가지 관점에서 강력하다면 그 브랜드는 강한 거야.

Valuable: 가치는 충분히 강력한가?

이것이 가장 중요한 포인트야. 가장 중요한 건 정의된 가치 자체가 강해야 하는 거지. 왜냐하면 상대방에게 충분히 가치가 있는 WHAT(편익)이 아니면 상대방은 너를 살 필연성이 없기 때문이야. 기업에 필요한 인재의 가치는 여러 가지 유형이 있단다. 자신의 가치를 정의하는 데는 다양한 정답이 있겠지. 어떤 요소로 승부하든 괜찮지만, 적어도 엄선해서 승부한 가치가 상대방이 원하는 인재상의 급소를 찌를 거라는 생각이 드는구나.

많은 기업이 능력적 측면에서는 사고력이 뛰어난 사람(T형 인재), 대인능력이 우수한 사람(C형 인재), 통솔력이 뛰어난 사람(L형 인재)을 필요로 한단다. 인물상으로는 불성실한 사람보다는 성실한 사람, 무책임한 사람보다는 책임감이 강한 사람, 정신적으로 약한 사람보다는 강한 사람, 활력이 없는 사람보다는 활력이 넘치는 사람을 선호하지. 기업에 들어가 쭉쭉 성장할 인재가 필요하니 성격이 이상해서 문제를 일으킬 것 같은 사람이나, 이것저것 많이 다듬어야 하는 사람은 피하려는 게 당연해. 일할 곳은 얼마든지 있어. 자신의 가치가 심플하고도 강력하게 정의됐는지 생각해보렴.

Believable: 믿을 수 있는가?

◯✓

아무리 WHAT이 강력해도 실제로 상대방으로 하여금 믿게 하지 못하면 상대방은 너의 가치를 평가하지 않는다. 자기인식에 문제가 있는 사람, 또는 거짓말쟁이라 신용할 수 없는 사람으로 여기고 끝난다. 그러니 상대가 자신의 가치를 믿게 하기 위해 증거가 될 RTB를 명확히 준비해야 해. 이력서는 증거가 되는 RTB의 쇼룸처럼 적어야 한단다.

자신의 강점을 '강한 리더십'이라고 정의했다면, 경력이 이를 증명하도록 강력한 사실들이 적혀 있어야 한다. 과거에 리더로서 실적을 낸 적도 없는 인간이 리더십을 주장해봐야 남들로서는 믿어지지가 않는 법이다. 자신이 기점이 되어 변화를 만들고, 주위 인간을 통솔해 어려움을 극복하고 커다란 무언가를 달성한 실적을 RTB로서 명확히 해두렴.

실제로 T형 인재, C형 인재, L형 인재 모두 각각의 강점 매력도는 비슷해진단다. 편익에 대해서라면 모두가 같은 이야기를 할 수도 있으므로 실제로 차이가 생기기는 어려워. 그러니 면접관은 직접 이야기한 느낌을 통해 T, C, L이 얼마나 강한지 절대값을 측정하고 사람 됨됨이를 느끼며, 신규채용이든 경력채용이든 실적을 끈질기게 물어보게 돼. 경력 속에 증거가 필요하기 때문이야. 신규 졸업자는 실제 회사의 경험이 부족하므로 학창시절의 체험을 묻게 되지.

WHAT의 성패를 가르는 것은 편익과 RTB의 곱셈이라고 생각하면 된다. RTB가 강하고 신뢰성이 확보되면 편익의 임팩트는 몇 배로 증폭되며, 그 반대도 있을 수 있다는 뜻이야. 구직활동이라면 대학생활까지의 자신의 인생을, 이직이라면 그때까지의 자신의 커리어를 만들어온 것을 각각 강력한 RTB로써 이야기할 수 있도록 정리해두는 것이 중요해. 너를 처음 만난 사람은 네 능력의 가치를 직접적으로 접하거나 볼 수가 없잖아. 그들에게 보이는 건 거짓 없이 믿을 수 있는 RTB뿐이란다.

Distinctive: 차별화되고 두드러지는가?

이직이든 신규 졸업자의 구직활동이든 다른 후보자들 속에 가라앉아 있으면 면접에서 승산을 보긴 힘들단다. 네 자신을 차별화할 브랜드 전략이 필요하지. 솔직히 말해서 면접관도 똑같은 재미없는 이야기만 듣고 있으면 질리지 않겠니. '오호~!' 하고 너를 두드러지게 보여줄 요소가 있을수록 네가 선택될 확률은 올라갈 거야. 그게 무엇일까? 어떤 차별화가 좋을까?

답부터 말하면 어디까지나 WHO에게 선택될 확률을 높이는 차별화가 필요하지, WHO에게 선택받을 확률을 떨어뜨릴 만한 차별화는 지극히 어리석은 일이야. 당연한 것 같겠지만 실제로는 여기서 실수를 저지르는 사람들이 꽤 많단다. 너무 '엣지' 있게 보이려다가 결과적으로 일시적인 관심으로 끝나게 만드는 유형이지. 면접 현장에서 요구되지도 않는 장기를 선보이거나 남들이 들으면 눈썹을 찌푸릴 만한 성격을 피력하는 것은 위험해. 차별화를 위한 차별화는 좋은 결과를 가져오지 못하니 주의가 필요하지.

강력한 편익으로 두드러진다면 가장 좋아. 그 다음으로는 편익을 믿게 만드는 RTB 내용의 임팩트가 강해서 두드러지면 결과적으로 편익을 눈에 띄게 하므로 이 역시 좋겠지. 가령 리더십이 편익이라면 RTB로 "클럽활동의 주장으로 전국우승을 이뤄낸 경험이 있다"고 말한다면 상당히 두드러질 거야. 전국대회에서 승리할 만한 팀을 통솔하는 사람은 보통이 넘는 리더십 경험을 했을 것이라고 추측하거든.

그리고 HOW의 요소에서는 좋은 방향으로 두드러지면 도움이 된단다. 겉모습, 화법, 거동, 모든 행동이 WHO에게 WHAT의 가치를 크게 느끼게 하고 믿게 만드는 방향으로 두드러진다면 플러스가 되지. 하지만 앞에서도 말했지만 차림새 등은 최소한으로 중요하지만, HOW로 두드러지려고 하기보다는 우선 WHAT의 가치로 승부할 수 있도록 전략을 짜렴.

참고로 내가 취업을 준비하던 때 어떻게 면접을 했는지 들려줄까? 나는 어떻게 하면 상대방이 원하는 방향에서 'Distinctive'해질 수 있는지 계산했어. 그리고 실제로 체험했던 일화를 중심으로 내 가능성과 능력을 어필했지.

적극적인 활력을 인상에 남기기 위해서는 인도네시아를 히치하이킹으로 횡단하는 가난한 여행 중에 뎅기열로 구급차에 실려가 죽다가 살아난 이야기를 했어. 강인한 정신력을 강조하기 위해서는 필리핀의 보라카이 섬에 잠긴 구축함을 보기 위해 딥 다이버 자격까지 따서 여분의 산소탱크까지 갖고 한계수심을 돌파했지만, 수압이 너무 세서 혈관이 끊어지는 통에 고글 안에 절반쯤 코피가 찼는데 그래도 당황하지 않고 냉정히 대처해서 살아 돌아온 이야기를 했지.

경험했던 이야기로 웃음폭탄을 터뜨릴 것들은 그밖에도 많았다. 읊어대는 이야기는 모두 나 자신이 과거에 실제로 체험한 진실이기에 생생하게 전달할 수 있었지. 지금 생각하면 그런 이야기는

Distinctive해서 먹힌 거야. 당시에는 브랜드 에쿼티 피라미드 같은 명료한 전략설계 등은 갖고 있지 않았지만, 당시 내 방식은 결과적으로 '이 녀석은 대단히 똑똑하거나 엄청난 바보 중 어느 쪽일까? 근데 스케일이 크고 재미있는 녀석임에는 틀림없군!' 하고 두드러진 이미지를 주었다고 생각해.

Congruent: 자신의 본질과 일치하는가?

강력한 가치나 훌륭한 RTB는 종이 위에 쓰는 것이라면 원하는 대로 쓸 수 있고, 양심이 없으면 멋대로 상대방에게 과장할 수도 있어. 다른 인격을 연기해 일단 합격하려는 생각이라면 연기력만 뛰어나다면 불가능한 이야기는 아닐지도 몰라. 하지만 그렇게 해서 실제의 자신과 다른 인격을 설계하는 것이 커리어의 성공을 위해 옳은 걸까? 이제껏 수없이 이야기했듯이 네 커리어의 성공이 너의 특징을 활용하는 것을 필수조건으로 삼는다는 걸 생각하면 다른 인격으로 브랜드를 설계하는 일은 너무나 최악인걸 명심해라.

그렇다면 그와 반대로 지금의 네 자신이 인식하는 것과 똑같은 너를 그대로 소극적으로 전달하는 브랜드를 설계해야 할까? 눈앞의 면접을 통과해야 할 때? 그렇게 너무 착해빠진 자세도 나는 그리 권장하지 않아. 선택받기 위한 거짓말은 하면 안 되지만 스핀은 필요하거든. 이건 마케팅의 상식이란다. 스핀이란 같은 사실을 말할 때 도입이나 보여주는 방식을 바꾸어 임팩트를 살리는 방식을 가리키지. '스핀'이라는 말은 원래 미국에서 온 말이야. 펜 하나를 그대로 보여주면 '가느다란 막대기'로밖에 보이지 않지만, 고속 회전시키면 '둥근 원반'처럼 크게 보일 수 있다는 뜻이라고 해. 사실보다 좋게 보여줄 수 있다면 사양 말고 해도 된다.

브랜드 설계도는 지금 너의 모습을 있는 그대로 정확히 표현하는 것은 아니라는 걸 명심하렴. 오히려 가까운 미래에 되고 싶은 자신을 디자인하는 것이 옳아. 사용할 재료는 너의 자기인식을 통해 알아낸 '강점'과 네가 지금까지의 인생에서 강점을 발휘해 달성해온 실적들이야. 그것들을 네가 되고 싶은 방향을 향해 과감히 스핀시켜보렴. 가급적 적은 말로 브랜드 에쿼티 피라미드로 표현해보는 거야.

그러면 지금의 자신과는 '동떨어진 느낌'이 드는 이상적인 미래상이 그려질 거야. 이상적으로 생각되지 않는다면 아직 스핀이 부족해. 혼자서 하기가 힘들다면 친한 친구나 가족의 도움을 빌리렴. 어쨌든 대담하게 스핀시켜봐. 괜찮아, 꺾여봐야 현실로 되돌아가는 것뿐이니 언제라도 가능하단다. 방향만 틀리지 말고 먼 곳을 향해 과감히 날아오르렴!

그렇게 해서 그린 자신의 설계도를 체크할 때 중요한 건 두 가지야.

① RTB 등의 사실에 거짓은 없는가?

② 네 본래의 특징과 방향이 크게 다르지 않은가?

과장되는 건 괜찮지만 이 두 가지를 통과하지 못한다면 그건 'Congruent하지 않다(본래의 자신과 일치하지 않는다)'는 뜻이야.

방향의 차이가 생기는 건 가지를 오이로 만들려고 한다는 걸 뜻해. '지금은 작은 가지지만 장래에는 훌륭한 가지가 되겠다!'라는 설계도를 만들었다면 그걸로 괜찮아. 스핀한 자신과 현재 자신 사이의 다소의 간극은 의식적으로 스핀한 방향으로 노력하면 정말로 그에 가까워질 수 있단다. Congruent하면 그건 가능한 일이야. 그러니 가능하다면 10년 후의 이상적인 자신의 모습을 설계해보길 바라고, 먼 미래를 상상하기가 어렵다면 적어도 몇 년 후 정도의 이상을 생각해보렴. 그렇게 하면 설계도가 이상적인 미래로 너를 인도해줄 테니까.

다른 인격은 안 된다고 하면서 스핀을 장려하는 건 어째서인지 알고 있니? 요컨대 브랜드란 상대적이기 때문이야. 같은 이미지의 더 강한 인간이 가까이에 출현하면 자신의 브랜드는 약해져버리지. 그러니 방향만 같다면 가급적 강력한 에퀴티를 구축하도록 지향하고, 처음부터 강한 인상을 주도록 준비해둬야 한단다. 네 스스로 이런 '브랜드가 되겠어!'라고 생각할 수 있는 너를, 자신의 본질과 같은 방향 위에서 디자인하면 돼.

네 자신을 마케팅하라!

자신을 브랜딩하는 방법

갑작스럽지만 다음 페이지의 두 브랜드 에쿼티 피라미드를 비교해 보렴. 너라면 어떤 사람을 채용하겠니?

사실 이건 몇 년 전에 어떤 인연으로 상담을 해준 취업준비생의 실제 예란다. A와 B 모두 동일 인물인데, A는 본인이 작성한 것이고 B는 내가 스핀한 것이지. 어떠니? 너라면 어느 쪽을 채용하고 싶겠니?

도형Ⅲ: **두 개의 My Brand 비교**

유형 A

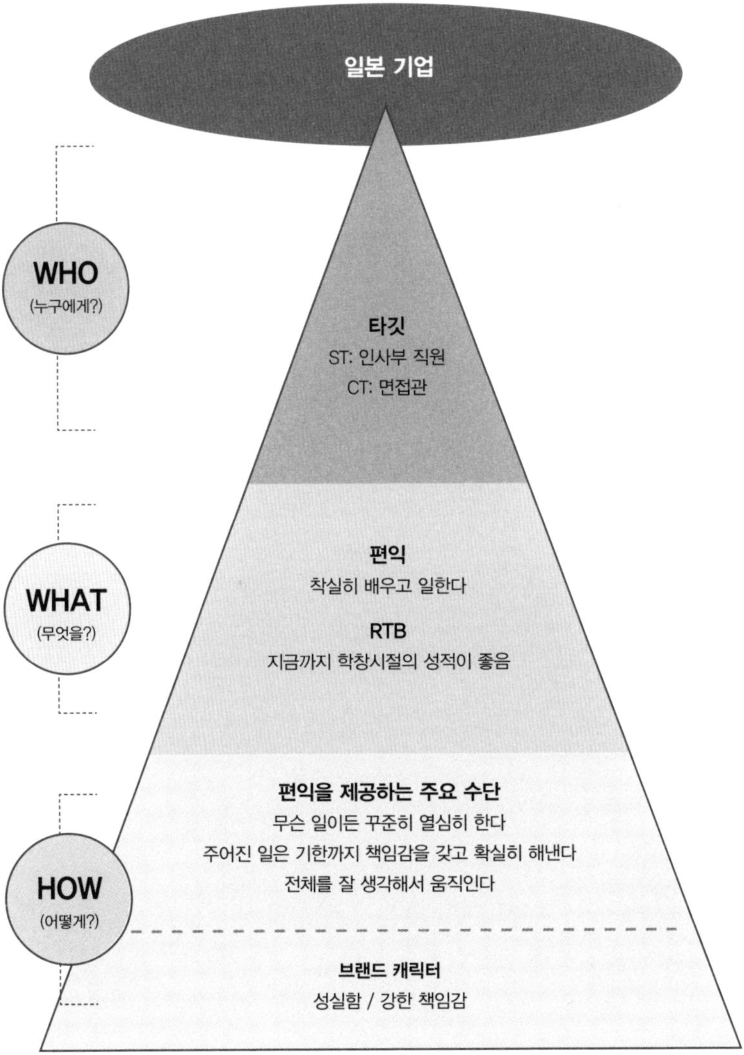

도형Ⅲ: **두 개의 My Brand 비교**

유형 B

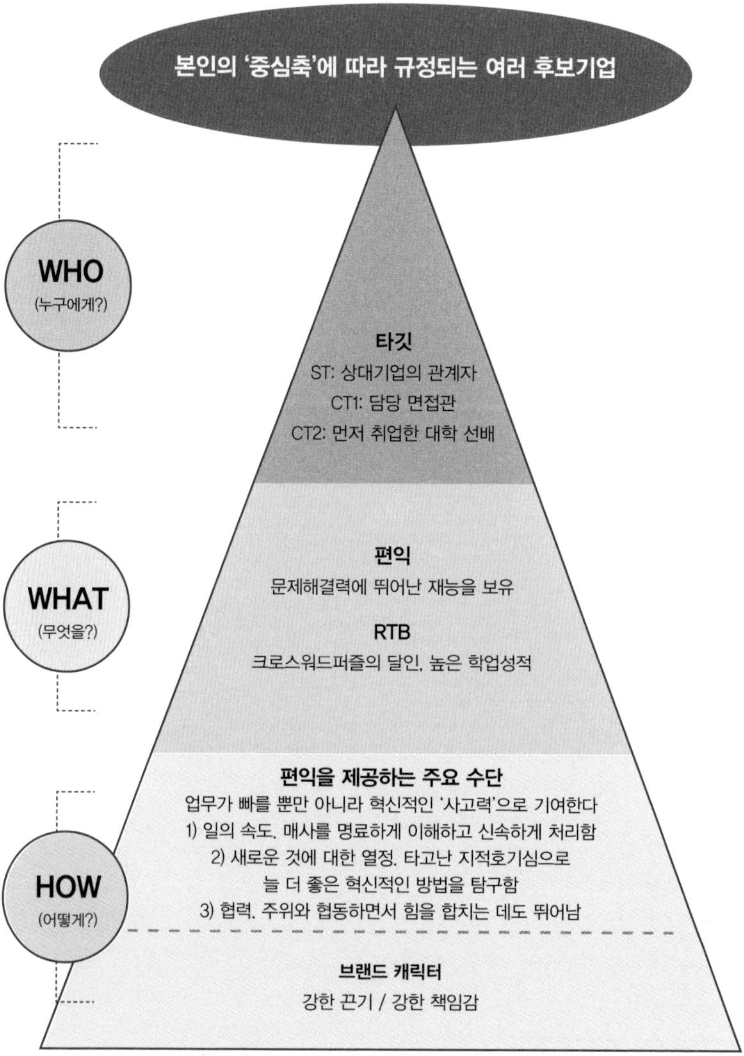

유형 A도 결코 나쁘지는 않아. 매사에 착실하고 성실하게 임하는 청년으로 잘 설정돼 있지. 하지만 그가 노리는 기업의 난이도로 생각하면 이런 인물은 어디에나 있을 것 같고 두드러지지가 않았어. 그래서 가치가 더 두드러질 수 있도록 본인을 인터뷰해서 들은 이야기를 근거로 그의 특징이 좋은 의미에서 잘 살아나도록 내가 재설계하려 했다. 상대에게 '뭔가 대단한 일을 해줄 것 같아!'라는 기대를 갖게 하는 그런 브랜드로 스핀시키려고 약간의 포장을 더한 것이야.

유형 B는 과장되긴 했지만 그의 특징에 비춰 하나도 거짓은 없어. 거짓말하지 않고 자신의 방향 위에서 스핀한다는 건 바로 이런 거란다. 숙제나 공부를 힘들게 여기지 않는 온후한 성격의 그였지만, 이야기를 잘 들어보니 그가 정말로 좋아하는 건 '자기 나름의 발견을 하는 것'이었어. 그걸 사고력으로 섞어서 편익의 가치를 올려보았지. 이렇게 해서 자신을 어필하고 싶은 상대에게 자신의 가치가 더 강렬하게 전달되도록 하는 것. 그건 상대에게 상품의 장점을 알리는 마케팅과 똑같아.

RTB에 관해서는 학교 성적이 좋은 것은 훌륭하지만, 그것만으로는 상대의 기억에 잘 남지 않아. 참고로 그는 취미로 크로스워드퍼즐을 했는데 시간만 나면 그걸 하는 T인 사람이었어(웃음). 크로스워드퍼즐에 관한 지식을 들어보니 정말 재미있어서 실제 면접에서 그걸 이용해 얼마나 빨리 정보처리가 가능한 인간인지, 더 혁신적인 사고 프로세스를 개척하는 데 얼마나 열정적인 인간인지 단적으로 말할 수 있도록 준비하라고 조언했단다. 면접관의 기억에 확실히 남도록 빠른 문제해결능력을 RTB로 가져가는 거지.

"실은 제가 수수께끼나 문제를 푸는 걸 좋아하다 보니 결국은 크로스워드퍼즐의 달인이 되어버렸습니다…."

이렇게 이야기를 시작하면 단숨에 상대방의 흥미를 끌 수 있으리라 생각했거든. 취미도 포지셔닝에 따라서는 편익을 신뢰하게 만드는 훌륭한 RTB가 된단다. 네 커리어의 무기가 될 수 있어.

브랜드 캐릭터도 살짝 바꿨어. '성실함', '강한 책임감'은 훌륭하지만 거의 같은 이야기잖니. 그는 외모상으로 선이 가녀린 느낌이어서 약한 이미지를 주지 않으려고 거짓말이 아닌 범위 내에서 강함을 표현한 방법을 찾아 '강한 끈기'라고 썼단다. 강한 끈기를 어필할 수 있도록 행동해야 하는 건 당연해. 참고로 그는 유형 B의 설계도로 구직활동을 했고 원하는 대로 대형은행의 합격 통지를 받았단다.

그렇게 자신의 설계도를 퇴고해 완성시켰다고 해보자. 그 다음에 해야 할 일은 무엇이겠니? 바로 브랜드 에쿼티 피라미드에 쓰인 자신과 가급적 일치된 행동을 하는 것이란다. 24시간, 360도, 365일, 철저하게 그렇게 해야 해. 집 밖에서는 물론이고 집안에서도 그것이 자기 모습이라는 전제로 행동하는 노력이 필요해. 그렇게 철저히 하는 이유는 자기 자신이 그렇게 생각하게끔 만들어야 하기 때문이야. 일관된 행동을 하지 않으면 자신의 브랜드 에쿼티는 구축하지 못해.

다소 어려움을 느끼는 시기는 있겠지만 계속하다 보면 어느새 익숙해질 거야. 금방 이상적인 모습에 다가가지는 못해도 이상적인 자신을 향해 진지하게 노력하는 건 당장이라도 할 수 있고, 하다 보면 익숙해진다! 다른 인격을 설계한 것만 아니라면 가능해. 그렇게 자기 자신의 단계를 생각하는 이상에 가깝게 만들어가는 거야. 스핀시켰기 때문에 약간의 허세가 들어갔다고 해도 어느새 그 미래의 현실이 가까워질 날이 분명 올 거야.

자신을 브랜딩할 때 주의해야 할 점이 있단다. 바로 '오프 에쿼티'라고 불리는 설계도의 브랜드 에쿼티와 모순되는 행동을 하는 일이야. 오프 에쿼티를 저지르면 쌓아올린 브랜드 에쿼티는 파괴되고 브랜드는 단번에 약해진다. 연예인들이 오프 에쿼티를 저질러 보통보다 더 세상의 욕을 먹는 일이 자주 있지. 순수함을 무기로 내세우던 사람이 '스캔들'이 터지면 보통보다 타격이 큰 건 오프 에쿼티이기 때문이야. 브랜드가 선택될 확률을 지탱했던 '품행방정한 브랜드 에쿼티'가 완전히 폭락해 사람들이 그 브랜드를 선택하지 않게 된단다.

브랜드는 사회에서 구축하고 싶은 '자신의 신용'이라고도 할 수 있어. '근면하고 정확한 일처리'로 믿음을 사던 사람은 지각이나 계산 실수에 남들보다 훨씬 주의해야 하는 거야. '강한 리더십'으로 신용을 산 사람은 조직이 힘들 때 전체를 위해 '가장 먼저 총알을 받아내고 가장 나중에 혜택을 누리는 사람'처럼 행동해야 하지. 오프 에쿼티의 행동은 있을 수 없어. 브랜드를 설계할 때 이야기한

Congruent(자기 본질과의 일치성)의 중요성을 잘 알겠지. 자신의 본질과 어긋나면 다른 사람의 생활을 오래 지속할 수가 없거든. 매일이 오프 에퀴티의 연속이 된다면 현실적으로 그런 브랜드는 구축할 수 없어.

같은 의미에서 긴 커리어에서는 도망쳐도 될 때와 도망치면 안 될 때가 있단다. 그 판단 역시 네 브랜드 에퀴티의 설계도에 따라 행동하면 돼. 도망쳐도 되는 건 자신의 브랜딩에서 중요하지 않은 경우야. 브랜딩에서 중요하지 않은 걸 일일이 줍고 가려고 하다가는 인생에 시간낭비와 옆길로 새는 일이 너무 많아져. 그런 국면은 능숙하게 피하는 것이 가장 좋아. 도망쳐서는 안 되는 건 싸우는 것이 브랜딩에서 중요한 플러스가 될 때와, 도망치는 것이 브랜딩에서 오프 에퀴티가 되는 경우란다. 도망치면 안 될 때는 자신의 건강이 허락하는 한 전력을 다해 임할 수밖에 없어. 설령 좋은 결과가 나오지 않더라도 자신의 브랜딩에서 중요한데 싸우지도 않고 백기를 드는 선택지는 없단다. 지더라도 그 '진취적인 패배'는 새로이 중요한 퍼스펙티브를 만들어낼 거야. 거기서부터 또 브랜딩을 계속하면 된다.

네 자신을 브랜딩한다는 건 아주 심플한 일이야. 너의 본질을 성실하게 꿰뚫은 방향을 이상적인 쪽으로 스핀시켜 브랜드로 설계하고, 열심히 노력해서 이상에 가까워지도록 행동하는 것뿐이지. 그 결과 현재의 자신과 이상적인 자신 사이의 어딘가에 '가까운 미래의 너'라는 새로운 브랜드가 만들어질 거야.

에쿼티와 일관된 행동과 그로부터 생기는 실적을 착실히 쌓아올릴수록 너는 '에쿼티 보너스'을 얻게 될 거야. 모든 건 그것을 위한 일이란다! 에쿼티 보너스란 브랜드 에쿼티 덕분에 상대방의 인상이 증폭되는 것을 가리키는 말이야. 예를 들면 정직한 사람이라는 이미지를 주면 장황한 말을 하지 않아도 대개의 일은 신뢰를 받게 되지. 그건 정직한 사람의 에쿼티 보너스야. 마찬가지로 주위에 '전략적 사고능력이 강하다'는 브랜드 에쿼티를 구축했다면 그 사람이 하는 말은 경청하게 되고, 내용도 분명 찬성을 얻기 쉬워질 거야.

그 연장선상에는 무엇이 있을까? 브랜드 설계도에 따른 행동을 취하는 한, 네 브랜드는 점차 설계도에 가깝게 구축돼 갈 거야. 그리고 너의 평판은 부서 내에서 사내로 퍼지고, 언젠가 업계로 퍼져나가겠지. 그 흐름을 가속시키기 위해 브랜드 인지도를 높이는 데 신경을 쓰는 사람도 있단다. 사외나 헤드헌터와의 접점을 늘리면 좋을 것이고, 자신의 이름으로 승부할 수 있는 기회가 있으면 '하이 리스크 하이 리턴'의 선택지라도 해보면 좋을 거야.

물론 자신을 어필하는 것은 중요하지만 자신을 팔려고 필요 이상으로 애쓸 필요는 없단다. 가장 중요한 건 '말이 필요 없는 실적'이기 때문이야. 놀랄 만큼 큰 실적을 만들어내는 재능은 원하지 않아도 세상에 알려지는 법이거든. 세계는 늘 눈에 띄는 유능한 인재를 찾고 있거든. 특히 우수한 헤드헌터의 정보망으로부터는 감추려 해도 감출 수 없을 거야. 따라서 네가 우선 애써야 할 건 브랜드를 구축하는 일관된 행동과 결과를 내는 일, 이 두 가지뿐이야. 그런 다음에 여력이 있다면 셀프 프로모션도 하면 좋지.

브랜드 설계도에 따라 '본질적인 실력'을 갖추는 노력을 첫째로 삼아야 한다. 실력이 동반되지 않으면 결국은 구축해온 브랜드는 무너지는 법이야. 별다른 실적도 내지 못했으면서 SNS에서 있지도 않은 허상을 필사적으로 내세우거나, 우수한 타인과 연결돼 있다는 착각으로 현실도피하고 있을 여유 따위는 없을 거야. 어제보다도 오늘의 내 자신이 무엇을 배우고 얼마나 똑똑해졌는지를 자문하는 네가 되기를 바란다.

My Brand를 구축하는 일은 햇볕을 모으는 현미경처럼 앞으로 네가 쌓아올릴 노력 하나하나의 초점을 맞춰 커다란 에너지로 응축시킬 거야. 브랜드의 에너지가 쌓일수록 네 노력의 투자효율은 믿을 수 없을 만큼 올라간단다. 실적을 낼 기회를 잡을 확률도 극적으로 높아지지. 그리고 브랜드는 더욱 강력해질 거야.

네 자신을 그렇게 '브랜드'로 만드는 거야.

'이직'은 무기가 된다!

'이직'에 대해 생각해보자. 애당초 이직은 필요한 걸까? 내가 생각하는 대전제는 이직은 커리어의 목적을 달성하기 위한 수단에 지나지 않는다는 거야. 이직 자체가 좋은 것도 나쁜 것도 아니라고 봐. 목적에 맞는 이직은 좋은 이직이지. 우선은 목적을 잘 판단하고, 무엇을 위한 이직인지 명확히 해야만 해.

물론 목적에 맞다고 생각해 결단해도 여러 가지 위험요소가 있어. 정말로 이직이 성공적이었는지 어떤지는 어느 정도 상황이 진정되기 전에는 알 수 없는 법이야. 그 결단에 이르는 과정은 늘 밤에 깊은 바다 밑을 응시하는 듯한 불안이 뒤따르지. 그래서 많은 사람들이 이직을 선호하지 않는단다. 일단 참으면서 현재 상태를 유지하려고 해.

앞에서도 이야기했지만 동물의 뇌에 본능적으로 구비된 현재상태유지기능 때문이야. 사슴도 원숭이도 인간도 지금 있는 산에 약간의 불만이 있고 배가 고파도 살아갈 수만 있다면, 다른 산으로 옮겨가서 굶어 죽는 최악의 리스크를 피하려고 한다. 그 위험을 감수하기로 생각하기 시작하면 너의 뇌가 여러 스트레스를 발생시켜 네 행동을 멈추려고 하지. 불안과 긴장은 그 산물이란다.

이 본능 탓에 우리의 이성적인 판단에도 늘 바이어스(bias)가 끼어들지. 아무리 바이어스를 배제하려고 의식해도 본능의 틀에서 벗어나기란 어려워. '현상유지'와 '변화'의 선택에서는 물론이고, '오른쪽'과 '왼쪽' 중 어디로 향할 것인지의 선택을 해야 할 때조차 이성적으로 올바른 판단을 했다고 생각하지만 변화나 리스크가 적은 쪽을 머릿속에서 정당화시켜 고르는 것이 인간이란다.

그래도 결단할 수 있다면 그나마 나은 편이야. 단련되지 않은 많은 사람들은 어느 쪽을 선택할지 고민을 거듭하다가 결국은 아무것도 고르지 않는 쪽을 택하는 게 보통이야. 결과적으로 현상유지가 이어지게 되지. 동물로서의 본능의 승률은 지극히 높아.

목적에 대해 순수하게 확률을 높이는 올바른 길을 판단해 선택하고, 결단하기란 쉬운 일이 아니야. 그 능력을 '결단력'이라고 부르지. 뛰어난 결단력을 가진 L속성인 사람은 극히 소수란다. 강한 의지로 경험을 쌓을 수 있는 사람이 있는가 하면, 타고난 이성이 정서에 방해받지 않는 특이한 성질을 가진 사이코패스성향이 높은 사람도 있어. 결단력은 드문 능력이므로 시장가치가 매우 높고, 우수한 경영자가 되기 위해서는 필수적인 능력이란다.

대부분의 인간은 동물로서의 본능을 극복하는 훈련을 하지 않았기 때문에 결과적으로 '수동적인 이직'밖에 하지 못해. 지금의 회사에서 더 이상 싹이 보이지 않는다, 다니기가 불편하다, 어쩔 도리가 없다는 등의 이유로 이직을 하지. 옛날에도 지금도 이직하는 사람들의 가장 많은 본심은 '직장 내의 인간관계로 인한 스트레스를 피하기 위함'이란다. 지금 있는 산에서는 굶어 죽을 것이라는 생각이 든다면 선택지가 없으니 다른 산으로 옮겨가기가 쉬워. 커다란 결단이고 뭐고 할 필요가 없으니 고민의 스트레스가 적지.

인간의 본질은 자기보존이야. 가급적 선택하지 않아도 되도록, 결단하지 않아도 되도록, 불안과 스트레스가 없도록, 아프지 않도록, 변화가 적도록, 안전하도록, 편하도록 대부분의 사회인이 그렇게 살고 있어. 많은 사람이 '적극적인 이직'이라는 무기를 사용하지 못하고 있단다. 좋고 나쁘고를 떠나서 일단은 이 사실을 알아두렴.

그렇다면 네 커리어 전략은 어떠해야 할까? 만약 네가 성공하고 싶다면…. 만약 그 성공이 남들보다 더 높은 수준의 직무능력을 필요로 한다면…. 대부분의 사람이 적극적으로 취하지 못하는 '이직'이라는 선택지를 만약 네가 목적에 맞춰 자유자재로 구사할 수 있다면…. 남들보다 빨리 경험치를 쌓고, 남들보다 실적을 내기 쉬운 활약의 장소를 고를 수 있다면…. 그건 네가 강력한 무기를 가졌다는 뜻이 아닐까? 커리어에서 커다란 어드밴티지가 아닐까.

승리하는 전략을 철저히 추구하는 것이 취미인 나는 내 커리어 전략을 생각하면서 그 사실을 알아챘다. 그리고 적극적으로 이직자리를 찾았고, USJ라는 옵션에 도달했지. 내가 말하는 건 대중에 비해 소수가 가질 수 있는 특수성을 키우는 역발상이라 할 수 있어. 이건 전략의 진리인데, 보통 사람들과 같은 걸 하면 보통밖에 되지 못한다. 남들과 다른 결과를 내고 싶다면 남들과 다른 일을 하거나, 같은 일을 남들과 다르게 하는 수밖에 없는 거야.

그때 친한 주위 사람들은 이구동성으로 그만두라며 나를 말렸단다. 지금 회사에서 기껏 승진 가도에 올랐는데, 이제 4~5년만 고생하면 임원이 될 수 있는데, 이직을 할 거라면 다 망해가는 놀이동산이 아니라 더 화려한 곳으로 갈 수 있으면서 '왜 그런 선택을 하느냐?'고 했었지. 왜냐고 묻는다면 내 안의 이유는 명확했어. 이대로 P&G에 머무르는 것보다 커리어의 목적에 필요한 직무능력과 경험을 훨씬 많이 얻을 수 있는 환경이 필요하다는 것이지. 주위의 반응을 들으며 나는 내심 나의 이직이 쉽게 실행하지 못하는 효과적인 전략이라는 생각에 더욱 만족스러웠단다. 목적에 대한 확률을 높이기 위해 동물의 본능을 거슬러 굳이 '위험한 산으로 옮겨가는 리스크'를 지기로 한 거야.

너는 커리어의 목적을 어떻게 생각하니? 어디까지나 그것에 따라 달라지는 거야. 네가 만약 계속 도전하는 것 자체가 동기부여(모티베이션) 되는 '도전자 속성'을 가진 사람이라면…. 또는 한 번 뿐인 인생에서 자신이 가지고 태어난 것을 최대한으로 끌어내 사회에서 얼마나 활약할 수 있는지 시험해보고 싶다면…. 또는 앞으로 어떻게 될지 모르는 불투명한 세계에서 자기 자신과 소중한 사람들을 지키기 위해 필요한 능력을 익혀두는 것이 중요하다고 생각한다면…. 그런 커리어의 목적을 이야기한다면 '적극적인 이직'이라는 선택지는 늘 네 퍼스펙티브 안에 들어있어야만 한다.

소극적이든 적극적이든 이직의 메리트는 '목적 달성의 확률을 높이는 것' 이외에도 하나가 더 있어. 바로 이직을 통한 '성장 부스터 효과'란다. 인간은 지극히 엄살쟁이에 게으름뱅이로 생겨먹었지만, 동시에 죽을 것 같은 순간에는 필사적으로 행동하게끔 만들어졌단다. 새로운 산으로 옮겨가서 거기서 살아남아야 한다면 필사적으로 노력하는 습성을 모두 가지고 있어. 새로운 환경은 지금까지와는 다른 자극으로 가득해. 다른 관점, 새로운 인간관계, 새로운 업무 내용, 무엇보다 그것들과 마주하는 '긴장감'…. 살아남기 위해 계속해서 강요되는 자극으로 인해 인간은 각성하고, 성장은 가속화되며 결과적으로 퍼스펙티브가 확대된단다.

신입사원으로 시작해 일을 배우고 서서히 평가를 받으며 핵심인물이 되어 주위의 신뢰를 쌓아간다. 그렇게 되면 회사 내에 자신의 자리가 생기고 무엇보다 신뢰가 형성된 인간관계가 생긴다. 사이코패스가 아닌 한 적극적인 이직을 할 때 가장 뼈아픈 것은 '인간관계를 끊어내고 날아갈 수 있는가?'라는 고민이야. P&G를 나올 때도 USJ를 나올 때도 나 역시 그것이 가장 힘들었단다. 몇 번을 경험해도 아마 그 아픔에서 벗어나지 못하겠지. 열정을 쏟은 직장일수록 그곳에서 떠나는 아픔은 더욱 격렬할 거야. 자신을 필요로 하는 동료들의 곁을 떠나는 결단을 내리는 것이니 당연해.

하지만 인간의 본질을 잘 생각해서 결단하렴. 인간은 기분이 좋아지면 금세 성장을 멈춰버리는 생물이란다. 네가 일에 익숙해지고 주위로부터 필요한 사람이 되는 건 너무도 멋진 일이야. 하지만 1년 전의 자신과 비교해서 과연 무엇을 새로이 익혔는지 냉정하게 자문해보길 바란다. 그때 명확한 답이 나오지 않으면 자신의 성장이 정체돼 있는 현실을 자각해야 해. 그리고 제대로 생각해야 하지. '정체'의 궤도 위에 네 인생이나 커리어의 목적이 아직 명확히 보이는가? 타고난 것을 파헤쳐가는 너의 여행에서 '정체'는 어떤 의미와 임팩트를 갖는가?

내 경우에는 정체는 선택지에 없었어. 정서에 이끌리지 않고 기분이 좋은 상태가 되면 곧장 환경을 바꾸는 도전을 하려고 노력해왔지. 사내에서 커다란 도전을 계속할 수 있다면 회사를 바꿀 필요는 없어. 하지만 일하다 보면 사내에서 필요한 경험을 얻기 힘들어지기 마련이야. 언젠가부터 똑같은 일만 되풀이하며 '잘하는 일을 반복하며 기분이 좋은 자기 자신'에게 위화감조차 느끼지 못하게 돼. 그렇게 되면 성장이 멈추는 거란다.

의미를 오해하지 말았으면 하는데, 나는 잘나갈 때일수록 자신의 편안한 '균형'을 의도적으로 망가뜨려야 한다고 생각해. 안전지대(Comfort Zone)를 벗어나면 새로운 성장이 시작되거든. 강한 의지로 만들어낸 적극적인 도전이야말로 새로운 세계를 넓혀주지. 동료들과의 아쉬운 이별도 새로이 더 많은 만남을 만들어내는 시작이 된단다. 떨어지기 힘들었던 P&G의 동료들에게 작별을 고했기에 무엇과도 바꿀 수 없는 USJ의 동료들을 만날 수 있었던 거라고 생각해. 세계를 넓히고 단계를 높이는 이 '적극적인 이직'이라는 수단을 네 퍼스펙티브에도 꼭 넣어두길 바란다.

직무능력을 늘리는 비결은?

최근에 여러 직무능력을 갖도록 권하는 의견이 자주 들리고 있단다. 여러 직무능력을 가졌을 때의 이점은 주로 두 가지로 생각해볼 수 있는데, 무엇보다도 앞날이 불투명한 세계에서는 여러 직무능력을 가진 사람이 여러 수입원을 가질 수 있으니 쓰임이 있지. 또 하나는 자신의 시장가치를 높여준다는 점이야. A라는 능력을 백 명 중의 한 명 수준으로 높이고, B라는 능력도 백 명 중의 한 명 수준으로 높이면 A와 B라는 능력을 겸비한 사람은 만 명 중의 한 명이라는 희소한 존재가 되지. 마찬가지로 C까지 겸비한다면 백만 명 중의 한 명이라는 매우 드문 사람이 된다는 사고방식이야.

나 역시 이 생각은 이론적으로 맞다고 봐. 하나의 직무능력으로 백만 명 중의 한 명이 되기보다는 조합의 독특함으로 백만 명 중의 한 명인 귀한 인재가 되는 편이 가능성이 더 높을 테니까. 하지만 직무능력을 늘릴 때는 몇 가지 주의할 것이 있어.

가장 주의해야 할 건 어중간해지면 안 된다는 거야. 자신이 백 명 중의 한 명에 해당되는 인재인지 아닌지 객관적으로는 모르고, 애당초 하나의 능력 A의 습득수준이 어디까지 필요한지는 목적에 따라 다르므로 한 가지를 어디까지 갈고 닦아야 할지는 커리어의 중도에 알기 어려워. 게다가 능력 A를 방치해두면 금세 녹슬어버리고, 실적을 계속 올릴 수 있는 라이벌들은 언젠가 치고 올라오지. 그런 와중에 능력 B에 손을 대도 괜찮을까? 이런 고민이 들지. 각 개인이 가진 자원은 한정돼 있어서 이것저것 손을 대어 모두가 어중간해지면 어떤 무기도 자신의 필살기가 되기에는 화력이 부족해져.

이 고민에 대한 내 나름의 답은 '80/20 법칙'으로 생각해서 각자의 목적에 맞는 선택을 할 수밖에 없다는 거야. 노력에 대한 효과는 줄어들기 때문에 새로운 능력 B를 80점으로 만드는 것은 현재 단계에서 90점인 A를 100점으로 만드는 +10점의 노력보다 가볍게 끝날 가능성이 높아. 주요병기를 최대 출력으로 유지하면서 서브병기 한두 가지를 60~80점의 화력으로 새롭게 착장하는 것은 물리적으로 충분히 가능하다고 생각해. 한 과목에 얽매여서 100점을 받으려고 전력투구하는 것보다 세 과목에서 80점을 얻는 편이 노력이 적게 들지도 몰라. 여러 직무능력을 가지는 편이 득이라는 논리는 성립될 거야.

하지만 그건 어디까지나 여러 직무능력을 가지는 것이 자기 커리어의 목적에 맞는 경우의 이야기야. 만약 수험과목이 한 과목뿐이라면 세 과목에서 80점을 받는 건 의미가 없고, 한 과목에서 100점에 가까워지는 것이 당연히 유리해. 왜냐하면 '그 길의 제1인자'로 여겨지면 다양한 브랜딩상의 보너스가 있으니까. 그건 국내 제일이라거나 세계 제일이라는 거창한 이야기가 아니란다. '우리 사업부의 영업기술로는 그녀가 세 손가락 안에 드는 실력을 가진 에이스'라고 여겨지기만 해도 완전히 다르다는 말이야. 우선은 주요병기가 충분한 화력을 갖는 걸 최우선으로 해야 해.

다음으로 주의할 것은 너의 중심축에서 벗어나버리는 일이야. 이건 커리어의 위험을 분산할 목적으로 직무능력을 늘릴 때 발생하기 쉽단다. 지금 하는 일에서 커리어의 폭을 늘리려는 의도가 강하다 보니 네 커리어의 목적과 애초의 특징에 맞지 않는 서브병기를 장착하게 되는 실수야. 자신이 가진 무기에는 많은 정답이 있을 테고, 어떤 무기를 몇 개 가지든 목적에 따라서는 상관없지만, 자신에게 맞지 않는 것을 고른다면 결국에는 몸에 익지도 않고 성공도 못한단다. 게다가 하나하나가 제각각이라면 관련성이 전혀 없는 사업을 여러 개 가지고 있는 안타까운 회사와 같아서, 시너지가 나지 않고 자원만 점점 분산될 위험을 짊어지게 되지. 서브병기를 선택할 때도 '중심축'에 따른다는 원칙만은 변함없어야 해.

이러한 고민에 대한 내 나름의 대답은 브랜드 에쿼티 피라미드를 이용해 발전형이 되는 My Brand의 미래상을 전략화해보라는 거야. 직무능력을 늘리거나 업그레이드(직무능력의 상위호환)할 때 브랜드의 설계도는 정말로 도움이 된다. 직무능력은 그냥 늘리는 것이 아니다. 직무능력은 '시너지'를 노려 늘리는 것이 비결이란다. 어떻게 하면 커리어의 목적을 달성할 수 있을까? 그 목적이 달성되면 그 후의 새로운 목적은 보이는가?

My Brand 설계도와 눈싸움을 벌이면서 생각해보면 좋아. 그런 후에 자신의 브랜드 에쿼티를 강화하는 전략 위에 있는 직무능력을 늘리는 거지. 그 사람이 어떤 전문성을 가지고 있느냐는 브랜드로서의 가치(WHAT)에 변화를 가져오고, 그 WHAT에 직접적인 영향을 주는 RTB가 될 수 있다는 사실을 잊지 말아라. 그런 의미에서 첫 번째 직무능력에서 키운 에쿼티와 상승효과가 있을 것 같은 두 번째 능력 중에서 자신의 특징에 맞는 것(흥미가 있고 좋아하는 것)을 고르는 것이 가장 전략적이라고 할 수 있어. 주요병기와 서브병기를 조합했을 때 커리어의 목적을 달성할 확률이 늘어나는 직무능력을 고른다면 현명할 거야.

예를 들면 '경리'로서의 직무능력을 목표로 커리어를 시작한 경우에는 물론 기업경리직원으로서 전문성을 높여 전문가를 지향할 수도 있다. 하지만 다른 커리어로는 '재무'나 기업의 성장전략을 생각하는 '기획' 등의 직무능력도 서브병기로써 획득해 세 가지를 겸한 기술로 파이낸스 기능에서의 직무능력을 총괄하는 상위호환의 역할, 예를 들어 기업의 CFO(최고재무책임자)를 역임하는 커리어를 목표로 할 수도 있어. 그 경우에는 분명 '경리'에 특히 우수하고 '재무'와 '기획'에도 밝은 CFO가 탄생할 거야.

내 경우도 사례로 들어보마. 앞서 소개한 My Brand의 에쿼티 피라미드를 처음 만들었을 때, '강한 경영자기 되기 위해 필요한 기술'이라는 목적 아래에서 세 가지 직무능력을 습득할 계획을 세웠단다.

프로로서의 내 주요병기는 예전에도 지금도 변함없이 전략가로서의 '전략구축능력'이야. '마케팅력'은 실은 서브병기였는데 칠전팔기하면서 결과적으로 주요병기 수준의 화력을 내게 되었지. 화력이 높은 서브병기로는 그밖에도 의도적으로 경험과 전문성을 키운 '조직구축능력'이 있단다. P&G에서 본업인 헤어케어 비즈니스를 하면서 크게 평가로도 이어지지 않는 트레이닝이나 리쿠르팅, 조직개편 프로젝트 등의 조직 관련 업무에 적극적으로 지원해 경험을 쌓으려고 했지.

'전략가'도 '마케터'도 '조직 빌더'도 모두 각각 훌륭히 먹고 살 수 있는 직무능력이지만, 이 세 가지를 높은 수준으로 겸비해 더욱 희소가치를 지닌 존재가 되는 것. 그리고 '상승효과'를 내는 것이 중요했어.

'전략구축능력'의 가치는 전쟁터에서 견줄 것이 없는 무력으로 승리를 결정하는 '마케팅력'이 있으면 훨씬 더 빛난다. '마케팅력'의 가치 역시 전체 판세를 읽는 '전략구축능력'이 있을 때 상승효과를 내며 더욱 빛나는 법이지. 또한 떨어진 실적으로 피폐해진 조직에는 그러한 '전략'과 '마케팅'으로 방책을 세우기보다는 그것들을 실행하는 것이 현실적인 난이도가 훨씬 높다. 싸울 수 있는 조직을 만드는 '조직구축능력'이 있으면 '전략구축능력'과 '마케팅력'을 훨씬 빛나게 만들 수 있는 법이란다.

요컨대 그 세 가지 직무능력은 서로의 가치를 증폭시키는 관계에 있으며, 같은 전쟁터에서 동시에 사용할 가능성이 매우 높은 조합이다. 내 경우에는 난이도가 높은 비즈니스 과제에 도전하는 한 이 셋을 동시에 연관시켜 단련할 수 있다. 하나하나를 배우기 위해 하나하나의 경험을 쌓는 직렬적인 시간이 필요하지 않다는 것도 시너지효과다.

이들 셋을 동시에 세트로 구비함으로써 결과를 낼 수 있는 비즈니스맨이 되리라 생각했다. 결과를 만들어내는 비즈니스맨에게 필요한 직무능력은 많지만, 시너지를 생각하며 내 목적과 특징의 중심축에 맞는 것으로 고른 것이 바로 그 세 가지다. 그것들이 복층적으로 퍼스펙티브를 넓혀가는 가운데, '전략', '마케팅', '조직'이라는 세 가지를 겸비하면서 점차 'CEO'와 '경영자', '창업가'의 영역에 도달할 수 있게 되었어. 상승효과를 통해 비로소 보이게 되는 경치도 있는 법이란다. My Brand를 더 강력히 실현시켜가는 가운데 탄생하는 희소가치와 새로운 가능성은 계속해서 네 것이 될 거야.

제5장

내가 힘들었던 시기의 이야기를 해볼까

위기를 극복하는 방법

사람은 어떨 때 가장 힘들까? 절대 일하느라 죽을 만큼 바쁠 때가 아니란다. 회사나 상사, 주위의 평가가 좋지 못할 때 힘든 건 맞지만, 그렇다고 가장 힘들 때는 아니지. 사람이 가장 힘들고 괴로울 때는 자기평가가 극단적으로 낮아졌을 때야. 자기 자신이 스스로의 존재가치를 의심하는 상황에 몰렸을 때란다. 주위의 야박한 평가도 스스로 자신을 의심하기 시작하는 도입부에 불과하지.

자신의 가치를 강하게 의심할 때 사람은 겁쟁이가 되고 행동하지 못하게 된단다. 기름이 떨어진 차가 움직이지 않듯이, 최소한의 자신감이 없으면 사람도 역시 움직이지 못해. 주위와의 비교로 자신의 무능함을 자꾸 경험하면 열등감이 최고로 올라가지. 이상과의 괴리로 인해 서서히 부담을 느끼고 초조해지며, 주위의 기대에 부응하지 못할 때면 찌를 듯이 차가운 무력감이 자기긍정감을 가차 없이 깎아내린다.

그런 자기평가가 극단으로 내려간 시기가 내게도 몇 번이나 있었음을 말해두고 싶구나. 앞으로 인생의 여행을 시작할 네가 순풍에 돛 단 듯한 여행과는 거리가 먼 현실과 마주하게 되었을 때 이런 나의 이야기가 도움이 되기를 간절히 바란다.

네 눈에는 좋아하는 일만 하고 무엇이든 실현해낸 것처럼 보이는 내게도 커리어 도중에 비참했던 일이나 참담했던 일이 수없이 많았다. 모든 사람들이 비슷비슷한 괴로움과 마주하면서 살아왔다는 사실을, 그리고 대개의 사람들이 행복해졌다는 걸 잊으면 안 된다. 힘이 들 때일수록 그걸 잊어버리게 되니, 그럴 때 떠올리면 좋겠구나.

네가 어엿한 사회인으로 살아가다가 커다란 어려움에 부딪혔을 때 도움이 될 만한 세 가지를 전해주려고 한단다. 나의 젊은 시절의 흑역사를 풀어내보도록 하마.

열등감에 빠져서 헤어나오지 못할 때

처음 취직한 P&G에 들어간 지 2년째 되던 여름, 나는 물리적으로 전화를 받지 못하게 되었다. 비참하게도 말 그대로 전화를 받지 못하는 것이었어. 전화가 울리면 심장이 두근거리고 머릿속이 백지상태가 되어 사고가 멈춰버리는 데다, 땀이 나서 전화를 받으려던 손이 멈춰버렸지. 머릿속으로는 수화기를 들려고 하는데 어찌된 일인지 더 이상은 손이 움직이지 않았어. 정신건강의학과의 도움을 받는 정도까지는 가지 않았지만, 지금 생각하면 그 무렵의 나는 절반쯤 병이 들었던 건지도 모르겠어.

지금 생각하면 어째서 그 지경에 이르렀는지 이해가 되지만, 당시에는 정말로 까닭을 알 수 없었단다. 이전에도 구급차에 일곱 번이나 실려 간 적이 있었지만, 그런 이상한 일은 인생에서 처음 있는 경험이었거든.

나는 P&G라는 회사의 마케팅본부를 선택해서 입사했어. 그런데 주위를 보니 선배들은 슈퍼맨들뿐이고 다른 부서의 동료들도 굉장한 프로들이 가득했다. 입사 동기는 물론이고 앞뒤에 있는 선후배들도 모두 우수한 인재들이었어. 나를 둘러싼 360도가 그야말로 똑똑한 사람들로 빛나 보였지.

지방의 공립 초등학교, 중학교, 고등학교를 졸업한 후 고베대학교에 들어간 나는 그때까지만 해도 인생에서 그토록 능력이 월등한 집단에 속해본 적이 없었어. 물론 나도 잘 못하는 것도 있었지만, 잘하는 것은 금세 성장시키는 데다 무엇이든 요령 있게 지름길을 찾는 데 능했어. 그렇게 애쓰지 않아도 집단 내에서 '유능한 쪽'에 속했지.

고베대학교에서 수석인 미요시와 차석인 아이하라의 우수한 노트 덕분에 좋아하는 것만 하면서도 종합성적 8위로 경영학과를 졸업했어. 그랬으니 사회에 첫발을 내딛고 느낀, 자신의 존재의의를 밑바닥부터 의심하며 흔들리는 위기감을 맛본 적이 없었던 거야.

P&G 마케팅 본부의 신입사원이 되어 처음 맡은 업무는 내가 잘하는 것도 있었지만, 대부분은 어렵게 느껴졌단다. 정량데이터 분석은 잘하는 것이어서 무엇을 하든 얼마를 하든 피곤한 줄 몰랐지. 하지만 여성들이 선호하는 귀여운 디자인의 패키지를 개발하거나, 린스의 효과를 알려 구매 욕구를 일으킬 만한 카피를 생각하거나, 여성들이 샴푸를 어떤 기분으로 사용하는지를 통찰하는 것, 내면에

서 무엇을 원하는지 파헤치는 것 등의 애매한 내용은 아무리 해도 감이 오지 않았다. 그때까지의 인생에서 귀여운 패키지나 샴푸 등에 신경을 쓴 적이 단 한 번도 없었거든.

많은 마케터는 감각적으로 가늠을 하고 '애매함'을 능숙하게 넘어서기 때문에 일이 빨리 돌아가지만, 그런 센스가 없었던 나는 모든 선배들을 따라해도 제대로 된 답을 빨리 알지 못했지. 이윽고 여러 프로젝트의 기한은 점차 다가오는데 제대로 된 제안을 상사에게 가져가지 못하니 혼만 나지, 다른 부서의 카운터 파트에서도 확인차, 그리고 화를 내느라 전화기가 불이 나게 울어댔단다. 프로의 집단에서는 모두가 결과를 내기 위해 매진하기 때문에 부주의나 실수에 용서란 없어. 신입인지 아닌지 따위는 관계없었어. 전화가 울릴 때마다 엄한 지도편달이 이어졌어. 매일 그런 전화를 받았단다.

또 하나, 첫 상사의 업무 스타일이 나의 천성과 아주 달랐던 것이 큰 화근이었어. 그분은 '미스터 세븐일레븐'이라는 별명이 있을 만큼 말 그대로 아침부터 밤늦게까지 끈질기게 일하는 일벌레 스타일이었어. 휴일에도 출근하는 일이 잦았던 상사는 토요일에도 집에 전화를 해 "모리오카 씨, 그 자료를 어디 두었지요?" 하고 묻는 일이 빈번했어. 이제 갓 사회인이 된 나는 처음 본 '부모'를 따라하는 새끼오리처럼 무턱대고 그와 같은 사이클로 일하게 되었단다. 지금 돌이켜봐도 사무실에서의 노동시간이 가장 길었던 때는 이 상사와 함께 일했던 그때였구나 싶어. 내가 아침 7시 전부터 일하기 시작해서 막차를 타고 퇴근을 하다니, 지금으로서는 상상도 되지 않는다고 할까. 있을 수가 없는 일이지. 분명 너도 못 믿을 거다.

그런 생활이 한동안 계속됐어. 눈을 뜨면 서둘러 준비해서 회사에 갔지. 모티베이션은 높으니 상사보다 일찍 출근해서 업무에 대비했던 거야. 그리고 낮에는 내가 일을 못하는 것을 여러 모로 실감하고, 상사에게 날카로운 지적을 받으며, 동료들을 실망시키고, 주위에서 화를 내는 전화를 응대해야 했어. 자기 자신의 작업시간을 확보할 수 있는 건 모두가 퇴근하는 19시 정도부터였어. 물론 일벌레인 상사는 남아 있었지.

그렇게 맹렬히 일하다가 막차를 타고 귀가했어. 집에 도착할 무렵이면 이미 다음날이 되어 있었단다. 일단 최소한의 것만 하고 침대에 쓰러지듯 누워서 눈을 감고, 다시 눈을 뜨지. 서둘러 다시 회사에 갔어…. 눈을 감았다가 뜨면 회사, 눈을 감았다가 뜨면 회사…. 회사에 가기 위해 눈을 감고 회사에 가기 위해 눈을 뜨는 그런 날들이 계속됐다.

그러다 보니 점점 이상해졌지. 피곤한데도 잘 때조차 숙면을 취하지 못하게 된 거야. 회사에서 울려대는 전화벨 소리에 심장이 고동치기 시작했어. 내 전화벨뿐만 아니라 주변에서 울리는 전화벨 자체에 두근거리는 반응이 나타났고, 식은땀과 이상한 혐오감이 일었어. 집에서 개인적인 시간을 보낼 때도 상사에게서 전화가 올지도 모른다는 생각에 불안하고 침울했어. 그러자 일과 무관한 누군가의 전화를 받는 것도 금세 싫어졌단다. 친구나 본가에서 걸려오는 전화라는 걸 알아도 벨이 울리기만 하면 곧장 기분이 나빠졌어.

불필요한 전화로 평화가 위협당할 때는 참지 못할 정도로 화가 치밀었지.

그래서 휴일이면 집의 전화선을 뽑고 전화 소리가 울리지 않도록 해야만 안심이 되었어. 내가 집에 있을 때는 늘 전화선을 뽑아두는 것이 습관이 되었어. 이 지경이 되니 급기야 놀랄 만한 일이 벌어졌어. 어느 날, 회사의 내 전화가 울렸는데 받으려던 손이 움직이지 않는 거야. 분명히 전화를 받으려고 하는데도 조금도 움직일 수 없었지. 그때 비로소 나는 내가 고장났다는 사실을 알게 되었어.

이때부터 내가 취한 행동은 지금 돌이켜보면 커리어의 분기점이 되었던 것 같구나. 나는 필사적인 심정으로 상사에게 부탁했단다.

"U 팀장님. 저는 U 팀장님처럼 장시간 일하는 것이 천성에 안 맞습니다! 일과 사생활의 온오프를 명확히 구분하고 일할 때는 시간을 정해서 집중적으로 일하고 싶습니다. U 팀장님을 따라 줄곧 야근과 휴일근무를 하며 애썼는데 결국 몸이 이상해졌습니다. U 팀장님의 업무스타일이 있듯이 제 스타일을 인정해주셨으면 합니다. 사적인 시간에 업무에 관한 일로 머릿속을 혼란스럽게 하고 싶지 않아요. 정말 중대한 사안이 아닌 한 집으로 전화하지 말아 주세요. 부탁드립니다!"

순간 멍하니 있던 상사는 이렇게 말했다.

"그럼. 당연하지. 자신에게 맞는 스타일로 일하지 않으면 일 자체가 힘들어서 몸이 못 버티지. 나는 자네도 나와 비슷한 스타일이라고 생각했네. 그게 아니었다면 좀 더 일찍 말하지 그랬나?"

필사적인 나와는 대조적으로 조용한 반응이었다. 맥이 풀리는 느낌이란 이런 거겠지. 분명 상사가 내게 자신을 따라하라고 한 적은 한 번도 없었다. 유능한 그를 동경한 내가 그처럼 되고 싶은 마음에 멋대로 따라했을 뿐. 그가 휴일에 전화를 한 것이 그토록 스트레스였는데 왜 좀 더 일찍 그만해달라고 말하지 못했을까? 너는 꼭 몸에 이상이 생기기 전에 주의하길 바란다.

하지만 인간은 어디까지 어떻게 하면 스스로가 망가지는지를 망가지지 않는 한 알지 못한단다. 내 몸이 망가지고 있다는 이상을 느꼈을 때는 대개 이미 망가진 후야. 보통은 주위에 조금이라도 더 잘 보이기 위해 힘들거나 이상한 자각증상이 있어도 가급적 숨기는 것이 흔한 유형이지.

이때는 아슬아슬한 상태에서 상사에게 진심으로 상의하는 옳은 행동을 해서 얼마나 다행이었는지 모른다. 어깨의 힘이 빠진 나는 그간의 짧고도 힘든 경험으로 자신이 어떻게 일해야 중장기적으로 가장 성과를 내기 쉬운지 생각했어. 그리고 내게 맞는 스타일로 대전환을 시도했단다.

간단히 말하면 농경민족형에서 수렵민족형으로 바꾸었어. 밭 구석구석까지 근면한 자세로 꼼꼼히 경작하는 걸 그만둔 거야. 내 고유한 특징과 맞지 않았거든. 어디에 초점을 맞춰 일하면 최소의 노력으로 최대의 성과를 낼 수 있을까? 이걸 생각하는 것이 내 특기였으니 의뢰받은 일 중에서 비즈니스에 영향을 줄 수 있는 정말 중요한 과제 30퍼센트만 골라서 집중하고, 나머지 70퍼센트는 버리는 방식으로 바꾼 거야. 먹잇감이 지나는 길만 노려서 승부하는 사냥꾼의 방식이야.

그리고 야근은 절대 하지 않는다는 각오 아래, 1분도 허투루 쓰지 않고 집중하는 업무방식으로 바꿨다. 아침에는 일을 시작하기 전에 그 날은 어떻게 하면 5시 반에 탈출할 수 있을지, 일의 단계를 잘 생각해서 '효율'을 높이는 데 머리를 썼단다. 그러자 내 한 사람의 업무 준비를 관리하는 것만으로는 안 되고, 나와 함께 일하는 다른 부서를 포함한 팀 전체의 효율을 생각해 일을 리드하지 않으면 5시 반에 퇴근할 수 없음을 알았지. 그러면서 점점 더 팀의 우선순위를 뽑아내는 전략적인 관점이 가장 중요하다는 것을 알게 됐어. 그러자 도움이 안 되던 신입 시절을 지나 팀 내에서의 역할이랄까 내가 있을 곳이 조금씩 생기기 시작했단다.

나의 종합적인 퍼포먼스는 서서히 향상됐어. 우선 잠을 잘 자게 되었지. 책상에서 울리는 전화는 여전히 받지 못했지만, 음성녹음을 듣고 나중에 대처하는 방식으로 어떻게든 해결했어. 상사는 그런 나의 강점과 약점을 이해해서 강점은 점점 늘리고, 약점은 강점으로 가려주는 서포트를 해줬어. 그는 사람을 칭찬하는 건 잘 못했고 엄한 피드백을 많이 주었던 걸로 인상에 남아 있지만, 총명하고 자기 자신에게 엄격하며 무엇보다 공정한 사람이었다. 나중에 깨닫게 되었지만 그 후로 내가 동기 중에서 가장 빨리 브랜드 매니저로 승진하고, 일본인으로서는 드물게 미국의 P&G 세계본사로 이직하는 비범한 경험을 하는 커리어의 토대를 만들어준 이가 바로 그였어. 지금도 마음 깊이 감사하고 존경하고 있어.

처음엔 누구나 꼴찌에서 시작한다

그런데 말이야. 네가 철이 든 후에도 우리집에는 휴대전화가 없는 걸 이상하게 생각한 적이 없었니? "상대방의 사정에 관계없이 24시간 남들과 동기화를 강제하는 건 절대 사양"이라거나 "그런 걸 사용하니까 언제든 누군가에게 판단을 맡기고 자기 머리로 생각하지 못하게 돼"라며 내가 했던 말을 기억하니? 서른 즈음의 미국 주재원 시절조차 나는 물론이고 막내를 임신했던 네 엄마에게조차 휴대전화를 사주지 않았단다. 그 탓에 네 엄마는 차가 펑크가 났을 때도 내게 도움을 요청하지 못하고 서툰 영어 때문에 주위의 도움도 구하지 못해 대형마트(Kroger)에서부터 무거운 몸으로 몇 킬로미터를 걸어서 집에 돌아온 사건도 있었어. 정말로 미안했지.

집에 줄곧 휴대전화가 없었던 진짜 이유는 주위에서 울려대는 전화벨 소리가 나로서는 정말 두려웠기 때문이야. 텔레비전 드라마 속의 전화벨 소리를 듣는 것만으로도 가슴이 철렁하면서 기분이 꽤나 좋지 않았어. P&G 내에서 점차 성공하게 된 후로도 그런 상태는 계속됐단다. 내가 휴대전화를 갖게 된 건 미국생활을 끝내고 귀국한 후 30대 중반을 얼마 앞두지 않았을 때야. USJ로 이직하기 불과 몇 년 전이지. 우리 세대에 휴대전화 없이 일했던 마지막 비즈니스맨이 어쩌면 나일지도 모르겠다.

지금은 받으려는 마음만 먹으면 전화도 받을 수 있지만, 아직도 불편한 건 변함없어. 스마트폰은 가지고 있지만 사람과의 커뮤니케이션은 주로 이메일을 이용하고 전화는 상시 무음모드로 설정하고 기본적으로 받지 않는다. 지금 내가 하는 일의 특성상 중역들과의 회담이나 피할 수 없는 회의가 계속되는 분 단위의 스케줄 때문에, 걸려온 전화에 일일이 대응하지 못하는 건 어쩔 수 없는 일이기도 해. 어쨌든 전화가 울리면 기분이 가라앉는 건 부정하지 않겠어. 분명 전화벨 소리는 내 뇌에 당시의 괴로움을 상기시키는 자극인거야. 모든 것이 일에 밀려 뒷전이던, 나날이 깊어지는 열등감 속에서 내 주위만 빛나 보였던, 처참했던 사회인 초기의 감정이 되살아나기 때문일 거야.

사회인으로 첫발을 내딛는다는 건 무엇일까? 그때까지 집단에서 나름대로 유능한 편이었던 내가 새로운 집단에서는 가장 무능한 인간이 되는 것이라고 할 수 있지 않을까? 마음의 준비와 각오가 필요한 건 그 괴리가 불러일으키는 충격과 불안, 괴로움에 대해서가 아닐까 싶어. 잡초처럼 자란 나보다 오히려 높은 시험점수를 받아야만 들어갈 수 있는 학교를 졸업한 수재일수록 그 괴리는 더 클 거야. 트레이닝이나 인재육성으로 정평이 났던 당시의 P&G에서조차 적지 않은 신입들이 '무능한 자기 자신'을 뛰어넘지 못하고 무너졌다. 회사에 나오지 못하거나, 마음의 병을 얻었고, 여러 이유를 대며 회사를 떠났다. 그들 대부분의 원인은 '무능한 자신'을 어떻게 마주해야 할지 몰랐기 때문이겠지.

냉정하게 보면 당연한 일이야. 같은 채용기준으로 일정한 수준에 도달했다고 판단되는 '자신과 같은 정도의 능력(또는 그 이상의 빛나는 인재)'을 가진 이들이 모여 모집단을 형성하고 있다. 몇 년 앞서 걸은 선배도 같은 잠재능력을 가진 데다 한창 재능이 자라는 시기에 몇 년을 투자해 경험과 훈련을 통해 그걸 갈고 닦았으니 신입과의 능력 차이는 클 수밖에(실은 그런 차이는 몇 년도 지나지 않아 메워지는데, 그 시점에서 신입은 그렇게 생각하지 않는다). 사회인으로서 첫발을 내디딘 직후에는 자신이 상대적으로 '가장 못하는 인간'이 되는 경험을 누구도 피할 수 없단다.

무너지지 않으려면 처음부터 어깨의 힘을 빼고 꼴찌에서 시작하는 자신을 미리 그려보고 받아들여야 한다. 거기서부터 진정한 노력을 거듭하느냐 마느냐, 즉 '오늘의 나는 무엇을 어떻게 배워서 어제보다 똑똑해졌는지'를 자문하면 된다. '무능한 자신'이 아니라 '성장하는 자신'으로서 스스로를 크게 인정해주렴. 그러면 힘들어도 마음이 무너지기 전에 분명 상응하는 실력이 따라올 거야. 좇아가는 '시간' 동안 시들지 않고 계속 걸어나가기만 한다면 자연의 섭리대로 언젠가는 싹이 나오는 법이니까.

모두가 처음에는 신입이야. 괜찮아, 끊임없이 배우려는 자세와 몇 년도 되지 않는 시간이 분명 해결해줄 거야. 앞으로 취직을 하게 될 네게도, 그리고 언젠가 이직해서 새로운 환경으로 뛰어들 때도 많은 사람들이 아무 일이 없었던 것처럼 너도 분명 어떻게든 해낼 수 있음을 잘 기억하렴. 긴 여행의 첫발을 제대로 내딛기 위해서.

나도 믿지 못하는 걸 남에게 믿게 해야 할 때

드디어 브랜드 매니저가 되었어. 스물일곱 살 때의 일이야. 나는 많은 사람들이 이용하는 방식인 감각에 의존하는 마케팅과는 다른, 폐품을 보완하기 위한 독특한 방식을 짜내는 일에 몰두했어. 그것이 마케팅으로 세상에 도움이 될 가능성이며, 내가 살아남을지도 모를 길이라고 느꼈거든.

요리는 감각을 살린 예술이야. 같은 레시피로 똑같은 재료를 이용해 요리를 해도 10명이 제각각 다른 맛과 모양새를 만들어내지. 나는 마케팅을 내가 취약한 '예술'이라는 요리가 아닌, '과학'인 요리 실험처럼 접근할 수 없을지 생각했단다. 일정한 재현성이 요구되는 과학의 영역을 더욱 확장할 수 있다면 그 편이 안정적으로 투자효율을 높일 것이 명백했으니까.

확률사고의 전략으로 문과 출신이 많은 마케팅 세계에서 소수파였던 수학적인 발상과 계수에 대한 집착 등 나 자신의 특징을 살려서 확률론에 의한 분석모델을 개발해 더 많은 일을 정량화하고, 원래부터 무척 좋아했던 전략사고에 도킹시키는 것. 그리고 싸우기 전에 꾀를 내어 누구보다 빠르고 정확하게 어디가 이기기 쉬운지를 탐지하는 능력을 획득하는 것. 그렇게 하면 희소성을 가질지도 모른다고 생각했다. 자기보존과 일치된 그 길은 명확했어. 나는 브랜드 매니저로 승진한 기쁨과 나의 미래에 대한 희망과 기대로 가득 차 있었단다.

하지만 커리어란 역시 그리 만만한 것이 아니더구나. 브랜드 매니저로 맡은 첫 업무에서 지옥을 맛보게 될 줄이야. 원래 내정돼 있던 포지션이 발표 직전에 갑자기 이야기가 바뀌면서 나는 P&G 세계본사의 CEO가 지시한 '피지크' 브랜드의 일본도입 프로젝트에 임명됐어. 벌써 20년, 그때의 실패와 좌절과 더불어 무슨 일이 있었는지 네게 좀 더 상세히 이야기해주려 한다.

P&G는 미국 중서부에서 초와 비누 사업으로 출발한 세제 업체였어. 예술의 도시 파리의 공기를 줄곧 맡아온 로레알과는 달라. P&G에는 SK Ⅱ 같은 예외적인 성공도 있지만, 주력사업은 'Beauty Care'가 아니라 'Dirty Care'다. 따라서 뷰티에 콤플렉스와 동시에 강한 바람을 가지고 있었어. 그래서 탄생한 아이디어가 미국 중서부의 시골 신시내티에서 개발된 브랜드 피지크였다.

내 전임 브랜드 매니저가 몇 년 전부터 미국 신시내티에 있는 글로벌 팀과 함께 피지크의 개발을 추진했다. 주된 전략이 거의 결정되고, 반 년 후에 일본으로 도입될 테스트 마켓을 개시하기로 결정됐어. 그 결정 후에 전임자가 P&G를 떠나게 되면서 다른 브랜드를 담당할 예정이던 내가 긴급히 이 포지션에 배정된 거란다.

피지크의 상품 콘셉트는 "Physique Science Liberates Your Style"이었다. 미국의 소비자조사에서는 그럭저럭 좋은 점수를 받았다고 했다. 참고로 미국인은 Liberate(자유롭게 해방)라는 단어를 좋아한다. 그들의 법률정신이나 노예해방의 역사 등 문명의 토대를 지지하는 가치관이기 때문이지. 하지만 이걸 일본어로 바꾸기는 쉽지 않아. 애써 옮겨도 "피지크, 과학이 당신의 스타일을 해방시킨다" 정도일까? 과연 너라면 이걸 사고 싶어 할까?

사실 글로벌기업에는 본국에서 온 전략을 현지화하는 고민이 흔하단다. 과거에는 로레알도 "Because You're Worth It"이라는 영어 문구를 직역해서 "당신은 그럴 가치가 있으니까"라며 위에서 내려다보는 식의 안타까운 일본어 커뮤니케이션을 전개했다. Beauty Care의 거인인 로레알은 그래도 전체적으로 특별한 매력을 만들어 낼 수 있지만, 세제를 판매하는 것이 기초인 P&G에는 애당초 아름다움을 파는 노하우가 절대적으로 부족했어.

심각한 문제는 또 있었다. 한 병에 1,980엔이라는 가격 설정이었다. 헤어살롱이나 당시의 소니 플라자 등에서 판다면 몰라도 P&G의 장기인 일반 드러그스토어나 GMS(종합 소매점)를 중심으로 한 매스채널에서 파는 전략인데 그 가격은 무어란 말인가? 아주 높은 이

익률로 가게에 두게 할 것을 노리고 판매량 목표를 적게 잡았다면 그나마 이해가 간다. 하지만 거기에 들어 있던 기대는 매스브랜드로서의 커다란 부피였다.

수학 따위를 쓸 것도 없이 최악에 가까운 전략임이 분명했다. WHO, WHAT, HOW 어느 것 하나 초점에 맞지 않는 데다, 이 세 가지가 모두 흔들리고 있었다. 하지만 피지크는 이미 일본에서 테스트 마켓을 시작하기로 의사결정됐으며 반년 후에는 후쿠오카·사가지역의 점포에 진열될 예정이었다. 일본의 헤어케어 부문에서 이것이 성공할 것이라고 생각한 사람은 한 명도 없었을 것이다. 그런데 어째서 일본 도입이 추진된 걸까? 그건 당시의 세계본사 CEO가 제안한 프로젝트였기 때문이다. 쉽게 말해서 누구도 그에게 "이런 건 잘 될 수 없으니, 접어야 합니다!", 즉 "당신은 어리석어요!"라고 말하지 못한 거야.

너도 언젠가 휘말릴지도 모르겠구나. 사실 큰 회사에서는 이렇게 아무도 믿지 않는데 절망적인 결과를 볼 때까지 저지할 수 없는 프로젝트가 적지 않아. 속된 말로 '위험한 안건'이지. 왕과 가까운 간부가 자기보존을 추구하는 탓에 "왕은 벌거벗었다!"라고 말하지 못하는 상황이 세상에는 항상 있는 일이라고 생각하는 편이 좋단다. 조직에서는 의사결정자에게 올바른 정보를 공급하는 신경회로가 망가진 탓에 놀랍도록 평이한 잘못이 수시로 일어나곤 하거든.

일본의 피지크 도입의 성패는 CEO에게도 일본의 헤어케어 수장에게도 수많은 프로젝트 중 아주 일부에 지나지 않아. 하지만 피지크를 맡게 된 브랜드 매니저에게 이 프로젝트가 위험하다는 건 자신의 커리어가 위험함을 의미해. 그걸 알게 된 나는 당연히 일본의 헤어케어부문의 수장이던 싱가포르인 상사에게 조금 감정적으로 반응했어.

"당신은 피지크가 성공할 거라고 생각하나? 그렇게 생각한다면 무엇을 어떻게 하면 성공할지 알려줘. 그렇게 생각하지 않는다면 어째서 믿음도 없는 프로젝트를 부하직원에게 맡기는지 알려주면 좋겠어. 이것이 성공할 거라는 생각이 들지 않으니 나는 이대로 브랜드 매니저를 맡을 수가 없어. 꼭 해야 한다면 적어도 이길 수 있는 전략으로 수정했으면 좋겠어. 테스트 마켓을 1년 늦춰주길 요청해!"

그의 반응은 이랬다.

"어떤 브랜드를 담당할지 결정하는 게 자네가 아니라는 건 알고 있겠지. 전략도 테스트 마켓의 타이밍도 일본에서 이미 합의했으니 더 이상 지연시킬 수 없어. 해보지 않으면 실패할지 어떨지 모르는 일이야."

나는 끈질기고 강하게 밀어붙였어.

"당신은 일본의 헤어케어 전체로 평가를 받으니 그런 느긋한 소리를 할 수 있겠지만, 브랜드 매니저로서 처음 일을 맡아 허술한 전략으로 짜인 프로젝트의 결과로 평가받는 내 커리어는 어떻게 될 거라고 생각하는 거지? 당신은 나를 실패하게 만들려고 브랜드 매니저로 승진시킨 건가?"

그러자 급기야 화가 난 그는 격앙된 목소리로 말했지.

"네 재능과 장래에 기대하고 있으니까 승진시킨 게 당연하잖아! P&G에서 브랜드 매니저가 되고 싶으면 넌 이걸 수락하는 수밖에 없어!"

또 마지막으로 한 마디 더했는데 나는 이 말을 줄곧 잊을 수 없었다. 그는 분명히 말했다.

"Don't Worry! Launch quickly, learn quickly, and die quickly.(걱정 마! 빨리 내놓고 빨리 배우고 빨리 죽어.)"

이 말은 자신을 포함해 누구도 피지크를 믿지 않지만 아무도 본사의 프로젝트를 꺾지 못한다, 꺾으려면 테스트 마켓을 빨리 진행해서 시장의 결과가 좋지 않음을 증명하는 수밖에 없다, 그것이 일본의 헬스케어부문에 있어(그에게도) 가장 피해가 적은 방법이라는 말을 했던 거야.

나는 그때 나의 불운을 한탄했단다. 처음 맡은 브랜드 매니저 업무로 어째서 이렇게 위험한 안건을 떠맡게 되는 걸까? 대흉을 뽑은 격이다. 하지만 내게 피지크를 하는 것 외의 선택지는 회사를 그만두는 것밖에는 없었다. P&G에서 기껏 고생해서 여기까지 와서 브랜드 매니저를 체험하기 전에 그만둘 수는 없는 노릇이었어. 지금 생각하면 그 생각에는 '그릇이 작았다'는 아쉬움이 많이 남지만, 당시의 나는 커다란 조직 내에서 살아남는 길을 우선했던 거야. 머지않아 내 승진발표가 났단다.

하나의 브랜드를 시장에 도입할 때의 일은 여러 가지가 있는데, 그 업무량은 전국에 출시하는 것이든 테스트 마켓을 대상으로 하든 큰 차이가 없어. 사내에서 피지크에 관계된 인간도 수십 명에 달했지. 살면서 처음으로 부하직원도 생겼어. 나보다 나이가 많은 수다쟁이 이탈리아인 남성과 대학을 갓 졸업했지만 아주 우수한 일본인 여성이었어. 나를 포함한 세 사람을 주요 동력으로 삼아 피지크를 어떻게든 성공시켜야만 하는 날들이 시작됐단다. 속마음과 일치하지 않는 점은 해결하지 못한 상태였어….

이 피지크를 통해 맛본 형용하기 힘든 괴로움은 '내가 믿지 못하는 것을 남에게 믿게 만들어야 하는 단절'이 원인이었다. 나는 실패할 것이라고 생각했다. 하지만 부하직원이나 다른 부서의 인력에게 "이런 실패할 것이 뻔한 계획을 우리한테 시키다니 정말 멍청한 회사야"라는 말은 결코 할 수 없었다. 내가 믿고 있는 리더나 프로의 자세로는 그것만은 안 될 일이었다. 그런 이야기를 한다면 편해지는 건 나뿐이고, 시니컬함이 전염돼 부하직원과 동료들의 모럴을 급격히 떨어뜨리게 될 거였다. 믿지 않는 일을 내게 억지로 떠맡긴 그 상사와 다를 게 뭐란 말인가. 설령 내 뜻에 맞지 않은 일이라도 일단 맡은 이상은 전체(회사)의 입장에서 최선의 언동을 다하는 것이 프로라고 나는 예나 지금이나 그렇게 믿고 있다.

결과적으로 나는 한 명 한 명에게 거짓말을 하는 듯한 기분을 매일 맛보아야 했어. 일본 본사의 수십 명뿐만 아니야. 광고대리점 사람들에게도 '나는 피지크를 믿는다'는 입장으로 일관했지. 테스트 마켓을 추진하는 후쿠오카 사가지역을 담당하는 영업부서의 동료들은 나의 긍정적인 말을 근거로 그때까지 키워온 각자의 소매고

객과의 신뢰관계를 담보로 피지크를 가게 앞에 진열해줬단다. 어째서 잘 이해되지 않는 콘셉트라도 일본의 소비자에게 지지받는가? 어째서 1,980엔에 팔리는가? 이런 질문에 관한 근거를 그럴듯한 데이터 해석으로 준비했다. 모든 일이 찜찜하게 느껴지고 하루하루가 정말이지 힘겨웠단다. 그래도 나는 회사에서 부여받은 사명을 다하기 위해 사람들을 움직이며 임무를 계속 수행했지. 결과적으로 총 수백 명에 달하는 소중한 사람들에게 나는 내가 믿지도 않는 것을 믿는 것처럼 말해온 셈이야.

이때의 괴로움이란 내 변변찮은 문장력으로는 어떻게도 표현할 길이 없구나. 그건 단순한 죄책감이 아니었다. 나 자신으로서는 모두와 함께 회사에 불평을 하는 편이 편했어. 적어도 회사를 위해 프로로서 힘든 일을 하고 있다는 사명감은 있었고 죄책감은 없었어. 다만 끊임없이 에너지가 고갈돼 가는 거야. 매일의 업무 하나하나에 열정과 활기, 의욕이 점차 생기지 않게 되었어….

많은 사람들이 그러하듯이 자신이 믿는 것에 대해서라면 나 역시 본래 힘이 끓어 넘친단다. 믿는 것을 달성하기 위해서라면 도전의 투지가 불타오르고 설령 역경이 있더라도 굴하지 않아. 나중에 USJ의 경영재건에 참여했을 때 해리포터를 성공시키기까지의 여정에서도 폭력적이고 격렬한 어려움으로 인한 중압감이 있었지만, 그건 피지크에서 느낀 스트레스와는 성질이 완전히 달라. 피지크는 훨씬 더 천천히 음습하고 악질적으로 프로로서 살아갈 각오 자체를 꺾고 있었어. 이런 종류의 악질적인 스트레스를 만드는 걸 나는 '찜찜한 일'이라고 부른단다.

그런 괴로운 나날 속에서 테스트 마켓은 시작됐어. 그리고 몇 달 만에 예상대로 대참사가 일어났어. 하지만 일은 거기서 끝나지 않았단다. 비참한 철수전, 즉 뒤처리가 남아 있었어. 전사의 모든 사람들로부터 '대실패한 피지크의 브랜드 매니저 모리오카'라며 손가락질 당하는 듯한 느낌 속에서 왜 실패했는지 분석해 정리하고 세계 본사에 보고하고 파일로 남겨야만 했지. 테스트 마켓에서 협력해준 고객(GMS와 드러그스토어의 담당 바이어)에게 사죄하는 후쿠오카 사가의 담당영업팀에 사죄와 설명을 하러 가야만 했어. 당연하게도 영업책임자에게서 "여길 잘도 오셨구만?"이라는 말을 노골적으로 들어야 했다. 그들에게는 미안하다는 말로 끝낼 수 없었어.

나아가 피지크 팀은 해산하게 되었고 부하직원의 운신에도 불이익이 없도록 전력을 다해 마음을 써야만 했어. 다행히 부하직원들은 불합리한 대우는 면했지만 우수한 본인들의 능력과 일처리를 생각하면 그 처우는 당시의 나를 절망에 빠뜨리기에 충분했어. 지금 생각해도 미안해서 어쩔 줄을 모르겠구나. 부하직원의 고생에 보상해 줄 수 없었던 나 자신에 대한 평가야 더 이상 아무래도 좋았지만, 당연히 최악이었단다. 다음에 한 번 더 실패하면 즉시 해고를 각오해야 할 만큼 궁지로 몰렸어.

"빨리 내놓고 빨리 배우고 빨리 죽으면 괜찮아!"라는 말대로 했지만 내 예상대로 전혀 괜찮지가 않았어(웃음). 그 말을 한 싱가포르인 디렉터는 한 단계 더 승진해서 직접적인 부하가 아닌 나를 특별히 감싸려고도 하지 않았단다. 뭐, 세상이 다 그런 거야.

기억해두렴. 평가자의 정상참작에 몸을 맡기는 한심한 사람이라면 최악의 평가를 받는 게 당연한 거야. 어느 정도의 공평함을 유지하는 조직에 있다면 '숫자(=결과)'를 가지고 있지 않으면 어떤 이유에서든 평가에서는 무방비로 약해지는 게 당연해. 만약 결과에 관계없이 마음에 드는 평가를 주는 조직이라면 이야기가 달라지겠지만, 그런 회사에 있는 건 오히려 긴 커리어를 생각했을 때 더 문제지. 그건 성장하지 못하는 유해한 조직이니까, 그런 회사라면 얼른 잘리는 게 나을 거야.

이때 내가 해고를 아슬아슬하게 면한 건 그 싱가포르인을 대신해 직속상사가 된 홍콩인 디렉터 E 씨가 방패가 되어 준 덕이란다. 나중에 들었지만 E 씨는 '피지크는 내놓은 것 자체가 실패이고, 그걸 판단한 자야말로 책임을 추궁당해야 한다'며 평가회의에서 필사적인 연설을 했다고 한다. 그리고 피지크 한 건만이 아니지만, 이 일 직후 성실한 E 씨는 P&G를 깔끔하게 그만뒀다. 나는 죄송하고, 스스로 한심스러워 송별회에서 그의 얼굴을 제대로 쳐다볼 수가 없었지.

진정한 프로는 반드시 성과를 낸다

브랜드 매니저로 승진하고 첫 1년은 그런 찜찜한 일과 대참사로 인한 지옥의 폭풍우가 휘몰아치며 끝났단다. 이 괴로운 경험을 통해 내가 배운 핵심을 두 가지만 말해주마.

첫 번째는 Congruency(신념과 행동의 일치)의 중요성이야. 당시의 나는 회사의 입장에서 언동을 조절하는 프로로서 최소한의 신조를 지켰지만, '주위를 승리로 이끈다'는 나의 '존재가치=정체성' 자체를 보존하지 못하는 상황 아래에 놓였다. 그로 인한 커리어의 타격이 상당하다는 것을 통감했어. 두 번 다시는 그렇게 하지 않겠어! 어떻게 하면 그런 '이기기 위한 싸움'이 아닌 전쟁터로 나가야만 하는 상황을 막을 수 있을까? 그것을 필사적으로 생각했지. 내가 낸 답은 무력한 샐러리맨으로 일하는 이상 '찜찜한 일'은 피할 수 없다는 슬픈 결론이었어.

실제로 많은 샐러리맨들이 죽은 눈을 하고 인생의 가장 좋은 시기를 '찜찜한 일'에 투자하고 있다. 그들은 생계를 위해 조직에서 명한 일을 순순히 할 수 밖에 없다고 여긴다. 몇 년씩 그렇게 일하는 동안에 일의 의의나 자신의 존재가치를 의문스럽게 여기는 일조차 사라지지. 나는 고작 1년인데도 미칠 것 같았기에 알지만, 몇 년 또는 수십 년을 그렇게 지내면서 미치지 않으려면 포기하고 불감증이 되는 길뿐이리라. 그런 사람이 되는 건 절대로 참을 수 없었다. 그러면 어떻게 해야 할까? 어떻게든 무력한 샐러리맨에서 벗어나야 한다.

무력하지 않은, 즉 유력한 샐러리맨이란? 그건 회사에 수없이 존재하는 소모품 같은 '인재'가 아니라, 그만두면 회사가 정말로 곤란해지는 '인적재산'으로서 조직의 인정을 받는 일이었다. 그래야만 어느 정도 대등하게 회사와 협상이 가능해진다. 만약 P&G에서 당시의 내가 정말로 귀한 인적재산이었다면 그 싱가포르인 상사는 내정을 변경해서라도 내게 피지크의 불행을 뽑게 하지는 않았을 것이다. 슬프지만 당시에도 그렇게 생각했고, 지금은 그랬다는 걸 단언할 수 있단다. 불운으로 치부하면 끝인 일이 아니야. 이 경우에는 자신의 능력부족이 불운을 불러온 구조적인 원인이 된 거니까.

유력한 샐러리맨이 된 후에는 언젠가 회사의 틀을 뛰어넘어 내 이름으로 일을 선택할 수 있는 희소한 비즈니스맨이 되어야겠다고 생각했어. 그런 자유를 손에 넣었을 때 비로소 나는 '찜찜한 일'로부터 본질적으로 해방되는 거야. 그리고 목적이 같은 동료들이 있으면 힘을 합해서 '이기기 위한 싸움'은 물론이고, 열정이 불타오르는 '대의가 있는 싸움'조차도 선택할 수 있지. 언젠가는 동료들을 그런 재미있는 여행에 데려갈 수 있는 내가 될지도 모른다고 꿈꾸었단다. 내가 창업한 마케팅 정예집단 '주식회사 가타나'는 사실 이때의 생각이 원형이 되었어.

두 가지 배움 중 또 하나는 결과를 내지 못하면 누구도 지키지 못한다는 것이야. 조직에 좋은 일을 하더라도 결국 피지크처럼 결과가 나쁘면 아무도 지켜주지 않고, 누구도 지키지 못해. 애써 나를 도와준 부하직원 두 사람에게 보상은커녕 그들의 커리어에 나쁜 영향만 주고 말았지. 새로운 상사는 나보다 나중에 왔는데 나를 감싸고는 회사를 그만두었어. 내가 움직인 모든 사람들을 나는 리더로서 지켜내지 못한 거야. 만약 피지크가 개인 상점이라면 부채를 끌어안고 진즉에 망했을 거야. 그리고 경영규모가 커지면 완전히 같은 원리로 피해는 더 커진단다. 뭐니 뭐니 해도 회사의 실적이 나쁘면 급여도 줄고, 대량으로 해고되는 데다 전원이 실업자 신세를 면하지 못하니 그야말로 최악이다.

그렇다면 리더로서 무엇을 해야 할까? 바로 누구에게 미움을 사든 귀신이라고 불리든 원한을 사든 무조건 집단이 결과를 내게 해야만 한다. 주위의 업무 수준을 끌어올리고, 성공할 확률을 높이는데, 도달해야 하는 선을 넘어서는 것에서 일체의 타협을 허락하지 않는다. 그런 엄격한 사람이 되어야 한다는 뜻이야.

나는 좋은 사람이 되기를 포기했어. 모리오카 씨는 어떤 사람이야? 이런 질문을 들은 부하직원과 주위 사람들이 어떤 욕을 해도 상관없다. 다만 한 가지, "결과는 만들어내는 사람이지요."라는 말을 듣고 싶었어. 인격의 훌륭함으로 사람을 매료시킬 필요는 없어. 그저 '따라가면 좋은 일이 있을 것 같다'고 생각하게 만드는 존재로 충분해. 결과만 낸다면 그들의 평가를 높일 수 있고, 그들의 승진 기회도 확보할 수 있으며, 급여와 보너스도 올릴 수 있으니까. 소중한 사람들을 지킬 수 있다는 거야!

그것이 바로 나의 Congruency야. 주위를 동료들을 승리로 이끌어가는 사람이 되고 싶다, 그렇게 되어야 한다. 울고 싶은 심정으로 절망한 피지크의 혹독한 나날이 그것을 내 가치관의 가장 깊은 곳에서 늘 상기시켜준단다. 팀을 승리하는 장소로 데려가서 싸우고 몰아붙여서 반드시 이기게 하고 싶다. 그리고 보상해주고 싶다고!

내 열정을 바칠 일을 고르는 자유를 손에 넣어야만 해! 더 가혹한 상황이라도 결과를 낼 수 있는 인간이 되어야 해! 그러려면 직무능력이 필요하지. 내가 선택한 마케팅이라는 직무능력에서 더 압도적인 전투력을 갖춰야만 한다. '자유를 손에 넣기 위해 피지크를 통해 경험한 이 억울함을 결코 잊지 않겠다!'며 마음에 새겼단다.

찜찜한 일로 인한 괴로움이 한창일 때는 힘들고 비참할 뿐이야. 그 상처가 아직 생생한 동안에는 자기긍정감이 없고 자신감도 낮으며 자기 안의 중심축이 쉽게 흔들린단다. 하지만 커리어를 더 장기적인 눈으로 바라보면 그런 경험이야말로 얻기 힘든 배움이었다고 생각되니 참으로 신기하지. 피지크의 크나큰 실패로 한 번 산산조각난 자존심 덕분에 내 눈에는 세계가 다시 신선하게 비치기 시작했단다. 외벽의 파괴된 뒤에 새로운 경치가 보였고, 그로써 나의 급격한 성장이 시작된 거지. 나는 내 무기를 기존과는 다른 차원의 집념으로 연마하기 시작했어.

내 가치가 없다고 상대에게 무시당할 때

앞으로 하게 될 내 이야기도 드문 사례는 아니란다. 프로가 진심으로 경쟁하는 최전선에서는 어느 세계에서나 보통으로 있는 일이라고 생각하렴. 프로의 세계에서 처음부터 우정이나 친절을 기대하는 건 단순히 '사람 좋은 사람'일 뿐, 도태되는 '패배자 마인드'라는 걸 기억해야 해. 프로의 세계란 생존경쟁의 최전선이야. 프로의 세계의 우정이란 서로의 실력을 인정한 후에 비로소 오가는 존경의 감정이지, 도덕적인 정의와는 달라. 우정도 존경심도 상대로부터 받아야 할 것이 아니라 자신이 실력으로 따내야 한단다.

피지크로 인한 비참한 상황에서도 겨우 해고를 모면한 나는 다음 일에서 많은 결과를 내어 자신감과 평가를 만회하고, 비달사순 브랜드의 황금기를 구축하는 등 현저한 실적을 쌓았어. 그리고 2004

년에 바다 건너 미국의 신시내티에 있는 세계 본사에 부임하게 되었단다. 당시의 P&G 재팬은 일본조직 내에서는 거의 인사가 완결된 때여서 일본인이 바다를 건너 세계 본사로 가는 일은 지극히 드물었어. 게다가 내가 맡은 일은 세계적인 P&G 속에서도 굴지의 메가브랜드였던 북미 팬틴의 브랜드 매니저였다. 잠시 주춤하던 북미 팬틴에 밖에서 다른 사고방식을 도입하려는 의도로 P&G 내에서도 독특한 전략구축능력을 빛내기 시작한 내게 기회가 온 거야.

너도 기억하듯이 가족 모두에게 잊을 수 없는 도전이 된 미국생활이 시작됐어. 8월에 가족과 함께 미국으로 건너가서 몇 달이 지난 그 겨울에 나는 스트레스로 혈뇨를 누는 나날을 보내게 되었지. 쉽게 말하면 나는 부임 초기부터 직장 내 따돌림을 당했단다. 따돌림이라는 표현이 적절하지 않다면, 불필요한 스트레스나 발목을 잡는 압력을 의도적으로 계속 받았다고 표현해두마.

하지만 혈뇨를 누던 겨울의 고통은 주위로부터 적대적인 반응이나 엄격한 평가 때문이 아니었어. 방어불능의 흉악한 스트레스를 쏟아 부은 건 다른 누구도 아닌 내 가치를 의심하기 시작한 내 자신이었던 거야. 폭락하는 자기평가를 겨우 지탱하고 있던 건 그나마 나의 강점을 믿고 싶은 바람이라는 한 가닥의 실이었단다. 그마저도 불안정해서 언제 끊어져도 이상할 게 없었어.

당시의 북미 팬틴은 '이익'만으로 V자 회복 전의 USJ의 '매출'을 훨씬 웃도는 압도적인 거대 브랜드였고, 세계적인 P&G를 지탱하는 뼈대 중 하나였어. 하지만 P/L책임을 담당하는 북미 팬틴의 브랜드 매니저는 P&G의 본고장인 미국조직의 여러 미국인 마케터들도 차지하고 싶었던 자리였으니 영어도 잘 못하는 일본인이 떡 하니 날아온 셈이라 파문은 클 수밖에 없었단다.

사람 좋아 보이는 이들에게 둘러싸인 둔감한 나는 처음에는 내가 무엇을 당하고 있는지도 몰랐어. 표면상으로는 어쨌든 친절하게 구는 게 미국인의 기본이야. 편향된 생각일지도 모르지만 내 경험상 미국인이 일본인보다 훨씬 더 본심과 표면적인 태도를 잘 구분하는 것 같아. 일본인은 잘 모르겠지만, 적어도 같은 맥락에서 주장의 강약을 상대방에 따라 바꾸는 정도일 거야. 하지만 나를 고생시킨 미국인의 대부분은 상대방에 따라 맥락 자체를 이리저리 바꾸는 데 주저하지 않았어. 상대방이 다르면 아무렇지 않게 2시간 전과 정반대의 이야기를 하는 거야!

또 우리는 친구에게만 친근하니 미국인이 친근하게 접근하면 그 사람을 친구로 여기고 대하다가 종종 매우 슬픈 결과를 낳기도 한단다. 미국인에게 친근함이란 꼭 친구 앞에서만 나오는 태도가 아니거든. 친절하게 대하는 건 사교상의 예의에 지나지 않아. '나는 너를 죽이지 않을 거니까 안심해'라는 신호를 교환하지 않으면 안심할 수 없는 불안이 밑바탕에 있는 거라고 생각해.

다시 원래의 이야기로 돌아가자. 직장에서 무엇을 당했느냐고? 큰 회의 등에서 많은 도전적인 질문과 나를 시험하는 질문이 집중적으로 날아드는 건 전혀 문제가 아니었어. 그건 아무것도 아니야. 가령 내 부하직원들까지 내게 질문의 돌을 던지는 게 이상하다고 지적하는 사람이 있어도 나는 결코 그것을 의도적인 악의라고 해석하지 않았을 거야. 내 그릇을 재는 당연한 도전이라 생각했어.

그보다 곤란했던 건 처음부터 회의소집이나, 회의 요약 등 중요한 정보가 내게만 오지 않는 상황이 계속되는 거였어. 정보의 루프에서 제외된 것에 대해서는 새로운 내가 조직의 메일 그룹 설정에 아직 들어가지 못한 것뿐이라고 생각하고 어리석게도 나는 상대에게 매번 부탁을 했단다. 하지만 어떻게 된 일인지 그런 상황이 계속됐지. 때때로 정말 중요한 정보를 몰라서 대응하지 못하고 신용이 떨어지는 일도 발생했어. 주위의 정보를 차단당하게 되면 매우 곤란한 상황에 내몰리게 돼. 의심과 소외감은 의식적으로 떨쳐버리면 되지만 실제적인 피해는 곤란했지.

또 미팅 등에 내가 참가하기만 하면 많은 사람들이 이상할 만큼 빠른 속도로 이야기하기 시작했어. 내가 모르는 뉴욕의 슬랭을 굳이 빈발하는 일이 이어졌지. 갓 일본어를 배운 외국인 앞에서 일본인들이 사자성어만 섞어서 이야기하는 우스꽝스러운 장면을 상상하면 나의 곤혹스러움이 어땠는지 알겠지. 미국으로 건너간 당시의 나는 CNN방송을 절반 정도밖에 이해하지 못하는 영어실력을 갖고 있었기 때문에 내 귀가 아직 덜 뚫린 탓이라고 여겼단다.

지금 생각하면 이 어리석은 일본인이 가엾게 여겨지지만, 의도적으로 빠르게 말하는 상대방에게 나는 매번 "Pardon me?"라며 회의를 멈추고 이해하지 못하는 말과 의도를 하나씩 바보스러울 만큼 성실하게 확인했단다. 결과에 책임을 지려면 내가 이해하지 못한 일이 진행되는 건 결단코 허락하지 않는다는 나름의 각오로 브랜드 매니저를 하고 있었으니까.

덕분에 나는 Mr. Pardon이라고 불리게 되었지(웃음). 훗날 미국을 떠나는 내 송별회에서 동료가 이야기해줬지만 하나의 회의에서 내가 아무렇지 않게 몇 십 번이고 회의를 멈추니, 결국은 상대방이 지쳐서 그들의 정신건강을 위해 '고속작전'을 그만뒀다고 했어. 둔감한 게 나쁜 것만은 아니었던 거야!

환영해주지 않아도 좋아. 하지만 적어도 내가 보통 정도의 환경에서 일할 수 있도록 해줄 수는 없었을까? 8월에 미국으로 건너간 이후로 그런 살벌한 사무실에서 하루하루를 보내다 보니 홋카이도와 거의 같은 위도에 위치하는 신시내티의 가을은 더 춥게 느껴질 뿐이었어. 그리고 크리스마스가 가까워지자 나를 침울하게 만드는 사건이 연속으로 일어났단다.

어느 날 전날 늦게 만든 임원 대상의 프레젠테이션 파워포인트 표지가 무려 〈PLAYBOY〉의 섹시 화보로 둔갑해 있었지 뭐니. 그때서야 비로소 둔감했던 나도 명확한 악의를 인식했지. 그 자료는 아침에 설정된 공식적인 회의에서 내가 여성임원에게 브랜드의 향후 지침에 대해 이야기하려던 중요한 것이었어. 첫 상사인 U 팀장님이 가르쳐준 '만의 하나를 대비해서 발표 직전에 파일을 재확인하는 습관'이 없었다면 정말로 위험할 뻔했어! 상상만으로도 식은땀이 나는구나.

아마도 공유파일이었으니 팀원 중의 누군가가 또는 여러 명이 관여했겠지. 하지만 누가 했는지는 모른단다. 장난이라거나 내가 잘못된 파일을 가지고 갔다는 등 그들에게는 여러 가지 변명의 선택지가 있지. 게다가 이건 체스에서 말하는 '포크' 전술이었어. 즉 임원 앞에서 내가 낭패를 당하는 걸 노린 데다, 내가 공공연히 문제 삼으면 나의 조직장악력이 문제로 부상하게 되는 이중의 덫이었단다. 그들은 머리가 참 좋아.

분명히 말해서 당시의 나는 온라인 게임으로 치면, 드래곤 퀘스트에서 일격을 당하고 새빨개진 상태였어. 충격이었지. 그리고 주위에서는 나의 반응을 기대하는 여럿의 강한 시선이 실시간으로 빵에 느껴졌단다. '체스라면 내 특기지. 포크를 회피하려면 이 수밖에 없어' 나는 안면신경을 필사적으로 조절해서 아무 일도 없었던 것처럼 파일을 수정하고 그 자리를 정리했어. 지금도 그때의 부자연스러움으로 일그러졌던 내 표정은 상상하고 싶지 않구나….

내게 타격을 주는 사건도 일어났어. 당시의 북미 P&G의 최대고객인 월마트에 비즈니스 이야기를 위해 방문한 나는 내가 생각하는 비즈니스를 성장시키기 위한 전략을 나름대로 최선의 열정과 영어로 전달했어. 나로서는 강하고 명확한 프레젠테이션을 했다고 생각했지. 그들에게 전달됐다는 느낌도 받았어. 혹시 기억하니? 오랜만에 기분이 좋아서 코스탈 시푸드(Coastal Seafoods)의 질 좋은 참치를 사서 퇴근한 그날의 일이야.

그런데 다음 날이었다. 나는 세일즈부문의 거물에게 호출돼 노여움을 폭발시키는 그에게 이렇게 매도당했단다.

"You are our liability!(너는 짐 덩어리야!)"

그의 매도는 계속됐어.

"너의 좋지 않은 평판은 부하직원들을 통해 들었다."

"어제는 지금까지 우리가 들었던 방침과는 정반대의 말도 안 되는 제안을 갑자기 해서 상대방이 크게 혼란스러워한다는 강력한 클레임이 왔어!"

"게다가 너의 하찮은 영어실력으로 15분의 시간을 훨씬 넘게 써버리는 통에 우리에겐 다른 안건도 있었는데 얼마나 큰 피해를 입었는지 알아!"

"너처럼 미국 문화에 대한 이해와 고객에 대한 배려가 없는 녀석은 본 적이 없어. 더 이상 여기서 일하지 마!"

"부탁이니 다음부터는 고객과의 회의에는 나오지 마! 절대로 오지 마! 중국이든 일본이든 어디라도 좋으니 얼른 돌아가버려!"

그의 매도는 계속됐지만 내가 가장 타격을 받은 건 이 말이야.

"You mean nothing. You are our liability!"

이 장면을 떠올리면 지금도 혈압이 급상승하는 잊지 못할 순간이란다. 내가 아무 쓸모도 없는 무가치한 존재라는 말을 듣는 것이 나로서는 가장 타격이었어. 왜냐하면 나는 많은 사람들과 마찬가지로 사회에서 나 이외의 누군가에게 도움이 되기 위해 살아가는, 단적으로 말하자면 내 주변 사람들을 승리하게 만들고자 사는 사람이었거든. 그래서 무척이나 의기소침해졌어. 너무 심한 충격으로 제대로 된 반론조차 하지 못했어. 한 발자국도 움직이지 못하는 골키퍼

같았던 내 자신에게도 낙담과 슬픔, 분노와 의문이 뒤섞여 뭐라고 표현하기 힘든 감정에 사로잡혔단다. 그의 방에서 나온 직후에 나는 심한 설사로 고생했는데 그게 전날 밤의 참치 탓이 아닌 것만은 분명했지.

예상시간보다 10분 정도 초과했던 건 사실이고, 나는 미국인처럼 수려한 영어는 하지 못해. 하지만 그런 이야기를 들어야 할 만큼 나쁜 짓을 한 걸까? 몇 번밖에 만난 적 없는 상대방을 잘 이해하지도 않고, 어째서 일방적으로 저렇게 매도하고 모두 부정할 수 있는 거지? 내 팀에 있는 세일즈하는 인간이 이전부터 그의 귀에다가 이런 저런 이야기를 속닥여온 건 분명했다. 불합리하다고 생각했다.

하지만 내 프레젠테이션이 누구의 지적도 받지 않을 정도로 완벽한 레벨이 아니었다는 점도, 리더로서 벌써 석 달이 지나가는데 아직도 수십 명 팀원의 마음조차 장악하지 못한 건 사실이었다. 종합적으로 분명히 나 자신의 역량이 부족해. 그건 내가 가장 잘 알고 사실 그런 현실이 가장 무겁게 느껴졌다. 그래서 마음속으로 상대방을 비난하며 내 기분을 편하게 할 피난처도 없었다. 나의 존재가치가, 자신감이 점점 무너져 내렸어….

그 다음날이야말로 내 커리어의 명암을 가르는 분기점이 되었어. 궁지에 몰린 내가 그때 선택한 행동, 그것이 바로 지금의 나로 이어진 것이라고, 그로부터 15년 가까이 지난 지금도 확신한다.

다음 날 아침 나는 정말로 회사에 가고 싶지 않았다. 가는 것이 두려웠다. 왜냐하면 그저 회사에 가서 아무 일도 없는 듯이 보내는 것이 용서되지 않는다는 걸 알고 있었기 때문이야. 내가 취해야 할 올바른 행동은 알고 있었지. 그건 바로 그 세일즈의 거물과 한 번 더 승부하는 일이었어. 고객과의 회의에 나오지 말라는 이야기를 듣고 "네, 알겠습니다."로 끝낼 것이라면 나는 브랜드 매니저로서의 책임을 다할 수 없다. 그래서 나는 아침에 가장 먼저 그의 방으로 찾아가 승부를 해야만 한다. 머리로는 알고 있었어.

하지만 귀신같은 얼굴을 한 상대방이 어떤 반응을 보일지, 그 후에 어떤 연쇄반응이 조직 전체에 일어날지를 생각하면 마음 저편에서 주저하는 마음이 일었어. 전의가 충만한 상태라면 몰라도, 미국으로 건너온 이래 직장에서 소외되고 쇠약해졌던 내게는 그것이 꽤나 부담스러운 일이었다. 솔직히 도망치고 싶은 마음으로 가득했다.

여기서 도망치면 어떻게 될까? 한순간은 그러는 편이 편하다. 하지만 성과를 내기 위해 내가 기점이 되어 사람들을 움직일 기회는 두 번 다시 없을 것이며, 그저 거기에 있을 뿐인 공기나 유령 같은 존재가 되어 본사 조직에서 인정받는 결과를 낼 가능성은 완전히 없어질 것이다. 일본에서 가족을 이끌고 바다 건너 미국의 글로벌 본사까지 왔는데 반년도 되지 않아 전사하고 P&G를 그만두게 되는 거다.

하지만 분명 나는 P&G가 아니라도 일할 수 있어, 분명 어딘가에서 나름의 활약을 할 수 있을 거야. 그거면 되지 않을까? 북미의 헤어케어 부문에서 유일한 일본인이라는 마이너리티. 불리한 환경에서 지금껏 잘 참아왔어. 이렇게 심한 꼴을 당했으니 내 탓은 아닌 거야. 이제 그만해도 되지 않을까? 그런 목소리가 머릿속을 맴돌았다.

하지만 내가 실패해버리면 안 된다는 다짐이 생겼어. 나는 나뿐만이 아니라 나를 보내준 과거의 상사와 부하들의 마음, P&G 재팬이라는 조직 전체의 신용을 짊어지고 있다. 분명 그들은 P&G 재팬을 업신여기게 되겠지. 내 등 뒤에는 일본 조직의 부하직원과 후배들의 미래가 끊임없이 이어져 있다. 그런데도 여기서 도망쳐버린다면 평생 '도망친 기억'에서 벗어나지 못하는 인생을 살겠지.

그건 싫다! 지금껏 내 안에서 소중히 여겨온 무언가가 무너지는 듯 했다. 두 번 다시 일어나지 못할 것만 같았다. 아슬아슬한 순간까지 침대 위에서 담요를 뒤집어쓴 채로 고민하던 나는 결국에 결심했다. 고민될 때는 힘든 쪽을 택하라! 인간의 뇌에는 편한 쪽이 더 좋아 보이도록 하는 바이어스가 늘 존재한다. 그러니 험한 길이 정답이다. 어차피 쓰러질 거라면 올바른 방향을 향해 나아가며 쓰러지는 게 낫다. 그래, 그게 나다워! 해주겠어! 해보이겠어!

고뇌에서 완전히 벗어난 나는 암살자의 눈빛으로 그의 방 앞에서 계속 기다렸다. 그리고 그를 발견한 순간에 다가섰지. 기습에 놀라서 경계하는 그를 향해 어제의 그보다 크게 온 층을 울릴 만한 목소리로 단숨에 밀어붙였다!

"어제는 솔직한 피드백 고마워! 내 프레젠테이션의 나쁜 부분은 필사적으로 고쳐서 기대에 부응하도록 전력을 다하지. 하지만 뭐라고 하든 나는 고객과의 회의에 참석할 거야, 그것이 내 브랜드 매니저로서의 사명이니까. 그리고 무엇보다도 그 전략을 실행하면 고객도 우리도 분명히 매출을 크게 높일 수 있다는 한 가지만은 신념을 걸고 자신 있게 말할 수 있거든. 만약 내가 정말로 방해가 된다면 윗분들과 이야기해서 나를 해고하면 돼. 나는 이 역할을 맡은 한 마지막 1초까지 거침없이 일할 테니까 그쪽도 사양하지 말라고. 나는 반드시 결과는 내보일 테니까!"

그는 놀랐지만 나는 몇 초 호흡을 둔 후 발길을 되돌렸다. 예의바른 동양인이라 여겨지던 나는 그 직후부터 지극히 비정상적이고 위험한 놈으로 비춰지게 되었다.

나는 노력의 초점을 집중시켰다. 프레젠테이션을 유일하게 우호적으로 받아들인 브라질계 이민 2세 동료에게 15분 동안에 구성한 것을 원어민 발음으로 녹음해달라고 해서 무조건 계속 듣고 발음과 억양을 연습해 14분 만에 끝내도록 완벽히 암기했다(사실 지금도 이 때의 15분 프레젠테이션을 기억한단다. 가끔 원어민 발음으로 웅얼거리지). 그 프레젠테이션을 고객들 앞에서 겁내지 않고 당당히 이어갔어. 하지만 영어에 노력을 기울인 것이 핵심은 아니야. 어차피 영어로는 이길 수 없으니까. 그때까지 몇 번이고 경험했듯이 역경에서는 자신의 강점이 몰입되도록 승리의 길을 생각하는 수밖에 없다. 그러니 그들 중 누구도 생각해내지 못하는 '전략'으로 이기는 거야. 사고력으로 나만의 손톱자국을 반드시 새겨보이리라. 나는 필사적이었다. 나중에는 결과를 만들어내는 인간이라는 걸 알게 해서 사람들이 나를 따라오게 만들 수 있었다. 사람들은 메리트가 보이면 그걸 받고 싶어 하지. 프로의 세계는 냉철하니까.

일과 가정에서 힘겨웠던 날이 지나고

그렇게 세일즈의 거물과 충돌한지 얼마 되지 않아 신시내티에 본격적인 겨울이 찾아왔다. 나는 여전히 주위의 이해나 지원을 받기는 커녕 사무실에서 과도한 긴장감 속에서 하루하루 마음이 깎이고 있었어. 너도 알겠지만 신시내티의 겨울은 정말로 춥잖니. 중서부의 사정으로 아침 8시가 되어도 밖은 깜깜하고, 때때로 폭설이라도 내리면 영하 20도에 가까운 대한파가 오기도 하지.

그런 어둡고 추운 겨울의 아침, 매일 아침이야. 지금 생각하면 창피함을 무릅쓰고 말하는데 나는 내 방의 침대에서 머리부터 담요를 뒤집어쓰고 '가고 싶지 않아, 가고 싶지 않아!'라며 홀로 갈등했단다. 그럼에도 마지막에는 마음속의 한 가닥 실에 의지해 침대에서 일어나 거울 앞에 서서 필사적으로 거울 속의 내게 암시를 걸었지.

'반드시 결과를 내는 거야. 분명히 결과를 낼 수 있어!'

나를 몰아세운 건 일뿐만이 아니야. 어린아이를 셋이나 데리고 바다를 건넜으니 생활의 안정을 찾는 일도 힘들었단다. 부부가 둘 다 자동차 운전 면허를 따야 했고, 학교와 어린이집의 수속, 홈닥터와 치과의 수속, 오자마자 갑자기 네 여동생이 크게 다친 데다 세 아이의 예방접종을 맞히려면 얼마나 여러 번에 준비할 것도 많던지…. 그걸 모두 영어에 서툰 네 엄마가 아니라, 내 사정으로 일본에서 가족들을 데려온 내가 해야만 하는 건 당연했어. 하지만 주로 평일 낮에 필요한 그런 외부와의 조절 하나하나를 내가 사무실에서 직면했던 힘든 상황과 양립시키기란 정말로 힘들었어.

해야 할 일을 하지 못하고 누락시키는 일이 업무와 가정 양쪽에 조금씩 생기기 시작했어. 리더로서 신뢰받지 못하고 직장에서 기대에 부응하지 못하는 하루하루에다 가정에서도 가장으로서의 기대를 전혀 충족시키지 못하는 매일이 무겁게 나를 짓눌렀지. 어쩔 수 없이 자기평가가 낮아지더구나…. 특히 4월에 일본의 초등학교, 9월에 미국의 초등학교, 이렇게 두 번이나 입학식을 치르게 된 너는 아이들 중에서도 가장 스트레스가 많고 힘들었을 거라 생각해. 너를 보통의 현지학교에 밀어 넣었으니까 말이야.

"친구들과 선생님이 무슨 말을 하는지도 모르는데 매일 교실에 앉아 있어야 하는 내 기분을 알아요?"

이런 말을 하고 울며 등교하는 너를 보면 마음이 찢어질 듯이 아팠단다. 미국으로 건너간 후 그런 나날이 계속되고 가을이 지나 겨울이 되었고 새로운 해를 맞이한 무렵의 어느 아침, 나는 내가 선명한 혈뇨를 본 데 놀랐어. 그 후로는 일과 가정에서의 스트레스, 그리고 혈뇨와 결석으로 인해 사무실에서도 찌르는 듯한 통증에 시달리는 삼중고를 겪게 되었지. 미치도록 아픈 혈뇨를 누는 하루하루는 이후로도 여러 달 이어졌어. 그 겨울은 당시의 내 전투력에 비해 솔직히 정말 힘겨웠다. 궁지에 몰려 인간이 무너질 때는 일뿐만 아니라 사적으로도 문제가 동시에 덮치는 경우가 많아. 어느 한 쪽만의 문제라면 어떻게든 되는 경우가 많지만, 공과 사, 양쪽의 큰 문제에 샌드위치처럼 끼인 인간은 지극히 약해지지.

하지만 끝이 없는 겨울은 없다고 하지 않니. 내 전략이 의도대로 통한 뒤 놀라운 결과가 숫자로 보이자 직장에서의 문제는 크게 개선되기 시작했어. 결과를 내자 동료들은 손바닥을 뒤집듯이 빨리 태도를 바꾸었어. 주위에서 나를 '경마에서 우승할 말'로 보기 시작했단다. 그러자 사람들을 더 움직여 더 큰 결과를 낼 수 있었어. 성공의 기운을 감지할 수 있었지. 이때도 나를 구한 건 자신의 강점에 집중한 일이었다. 더 정확히 말하면 그건 '자신의 특징을 강점으로 바꾸는 맥락'을 선택하고 그쪽으로 헤엄쳐가는 일이란다.

가정도 잘 굴러가기 시작했어. 우수한 너는 고작 석 달 만에 그곳의 영어에 눈을 떴고 봄에는 원어민처럼 술술 말하게 되면서 친구들도 계속 늘어났지. 그게 얼마나 내 마음에 구원이 되었는지 모를 거야. 나중에 들은 이야기지만 인간은 큰 환경변화에 대해 반년이면 적응하는 힘이 있다고 해. 신입사원이나 이직으로 인한 이동, 유학생뿐만 아니라 형무소에 들어간 사람들조차 그렇다고 하더라. 분명히 수렁에 빠져있던 우리집에도 약 6개월 만에 천천히 봄이 찾아오기 시작했어.

여담이지만 마음의 여유가 생긴 나는 직장에서 살짝 복수도 했단다. 내 미들네임은 'Uesama(일본어로 우에사마는 귀한 사람에게 쓰는 존칭이다-옮긴이)'라는 설정을 해서 주위 사람들이 나를 "우에사마"라고 부르게 한 거야. 부하직원과 동료, 나중에는 상사까지 의미도 모른 채 나를 "우에사마, 우에사마"라고 부르게 되었지(웃음). 모리오카나 츠요시는 그들이 발음하기 힘들어서 나를 '마리아키'나 '츄아시'라고 부르는 데 정말 진력이 났었거든. 내가 미국으로 건너간 초기에 겪었던 일을 생각하면 이 정도 장난쯤은 괜찮다고 생각하고, '우에사마'로 불리니 통쾌한 기분을 느낀 건 사실이야!

미국생활이 시작된 지도 2년, 어찌어찌 결과를 계속 내면서 인정받고 어소시에이트 마케팅 디렉터로 승진했어. 넷째가 태어나면서 가족도 6명으로 늘었지. 한때는 그토록 돌아가고 싶던 일본으로 귀국하기로 결정된 나는 미국에서 떠나기 힘들다는 걸 느꼈어. 나를 그토록 비참하게 만들었던 사람들로부터 떠나기 힘든 심경이라니 참으로 신기하지. 그 세일즈의 거물이 준 작별 메시지를 잊을 수가 없구나.

> 우에사마, 처음에 너와는 계속 충돌하기만 했어. 외부에서 갑자기 날아와서 '이건 잘못됐고 그렇게 하면 안 된다', '이렇게 바꾸자'는 이야기를 매일 매일 하니…. 실로 거침없이 이야기하더군. 일본인은 예의바르고 겸손하다고 들었는데 이 사내는 도대체 뭐지? 여기서 수십 년씩 비즈니스해온 우리를 마치 바보라고 말하는 듯한 강경한 태도를 나는 참을 수가 없었어….
> 하지만 어느 날 나는 놀랐어. 지난주까지만 해도 형편없던 너의 영어실력이 갑자기 딴 사람이라도 된 듯이 유창해졌기 때문이야. 어찌된 일인지 너는 늘 '프레젠테이션을 할 때만' 포르투갈어 억양이 섞인 영어를 쓰더군. X씨(테이프를 녹음해준 동료) 특유의 말버릇까지 그대로 흉내 내서 말이야. 나도 이 일을 오래 해왔지만 너의 근

성에 놀라고 말았어. 네가 얼마나 진심으로 임하고 있으며 또 얼마나 끈질긴 녀석인지 그때 알았지.
너는 너무 직접적으로 말해. 전후의 경우나 상황은 전혀 신경 쓰지 않고 말이야. 하지만 그런데도 이제는 나도 알아. 너는 누구보다 비즈니스를 성장시키기 위해 노력하고 있고, 그것에 누구보다 순수하게 필사적일 뿐이라는 걸 말이야. 너는 아무도 생각하지 못한 걸 순식간에 생각해내면서도 MIT 교수 같은 경쾌함과 교묘함은 털끝만큼도 없는 녀석이야. 사나운 싸움소지! 가진 건 근성과 진흙냄새야. 그러니 무서운 존재지. 그런 너여서, 그런 놀라운 결과를 낸 거라고 생각해!
네가 떠난다니 싸움 상대가 사라져서 정말 섭섭해. 그러니 일본에 돌아가지 마. 일단 귀국하더라도 다시 돌아오길 바라! 이번에는 정말로 대환영이니까!

지금은 플로리다에서 유유자적한 나날을 보내는 그에게서 올해도 '우에사마에게 보내는 크리스마스카드'가 도착했어. 서로 실력을 인정하기 시작했을 때 비로소 우정도 존경도 통하게 된 거지.

환경을 크게 바꾸어 자신을 몰아넣은 도전은 고생이 많았던 만큼 스스로를 비약적으로 성장시킨다. 퍼스펙티브(본인이 인식 가능한 세계)를 극적으로 넓힐 수 있거든. 퍼스펙티브가 확대되면 지금의 자신과 되고 싶은 자신의 간극을 명료하게 의식하게 되고, 그것이 다양한 능력을 각성시키는 출발점이 되지. 많은 것을 할 수 있게 되고,

또 많은 것에 흔들리지 않게 된단다. 내 경우에도 살아남기 위한 필요에 의해 위기를 느끼고, 그때까지 잠들어 있던 많은 유전자가 차례차례 각성하는 것을 실감했어. 더 넓은 세계와 인간으로서 근본적인 자신감을 손에 넣었단다. 달리 말하면 그것이 바로 '환경에 적응하는 힘'일 거야.

강한 인간은 환경에 맞춰 자신을 바꾸거나 자신에게 맞춰 환경을 바꿀 수 있어. 그 힘은 본질적으로 누구나 갖추고 있지만, 실은 많은 사람들 속에서 잠들어 있지. 그리고 인생에서 피할 수 없는 역경(가정의 문제, 직장의 인간관계, 원하지 않는 인사이동이나 이직 등)을 마주할 때 문제가 자신의 작은 능력을 가뿐히 넘어서는 가운데, 적응하기도 전에 금방 무너져버리지.

자신에게 안전하고 스트레스가 적은 길만을 고르는 사람은 운이 좋으면 행복해지겠지만, 결코 강해질 수는 없어. 안전지대를 벗어나지 않는 한 그 힘이 각성되지 않으니까. 100의 힘을 가진 자신에게 늘 120, 130의 부하를 주는 도전을 너도 의식했으면 한다. 나 역시 아직 모르는 바깥 세계로 퍼스펙티브를 넓혀가는 여행을 점차 가속시킬 생각이야. 바깥 세계는 분명 우리가 아직 모르는 재미있는 일로 가득할 거야!

제6장

실패하지 않는 인생, 도전하지 않은 인생

더욱 더 성장하는 방법

‘불안’과 마주하려면?

나도 경험했지만 커리어란 전략을 세워도 계획대로 진행되는 게 아니란다. 늘 예상하지 못한 일들이 생기고, 스스로 조절할 수 없는 선택지가 주어지거나, 내 힘이 부족해 실패하고 좌절하며 목적에 좀처럼 도달하지 못하는 일이 자주 있지. 본디 높은 목적을 가지고 있으면 당연히 어려움이 따른단다.

그래도 ‘전략이 있는 커리어’가 ‘전략 없는 커리어’보다는 훨씬 높이 날 수 있어. 하지만 앞일은 모르는 것이 많은 게 분명한 현실이야. 그나마 알 수 있는 건 늘 그 시점에서 업데이트된 너의 목적과 선택지뿐이라고 해도 될 거야. 선택해서 주사위를 던진 후는 확률의 신에게 맡기게 되지.

너는 분명 ‘불안’할 거야. 하지만 결론부터 말하면 네가 앞으로 성장하는 한 그 불안은 늘 사라지지 않는다. 그래도 괜찮아. 그 불안에 익숙해질 수 있으니까. 그리고 불안과 동거하는 너는 불안을 연료로 삼아 점점 강해지겠지. 불안하다는 건 네가 도전하고 있다는 증거란다.

자기보존본능에 대한 이야기를 떠올리렴. 도전으로 인해 생겨날 변화가 클수록 불안도 커진다. 즉 불안이란 본능을 극복하고 도전하는 너의 용기가 울리는 진군나팔 같은 거야. 불안할수록 너는 용감한 셈이야! 또 한 가지, 불안은 미래를 예측하는 지성이 높을수록 커진단다. 불안할수록 너의 지성이 진지하게 기능하고 있는 거란다! 도전하는 너의 '용기'와 '지성'이 강할수록 더욱 또렷이 비치는 '그림자'야말로 실은 '불안'의 정체라고 이해하면 좋겠다.

그러니 겁내고 있는 너는 훌륭해! 사실 나도 수시로 겁을 먹고 쫄거든(웃음). 하지만 내가 '겁난다'고 하면 주위에서 동요하니, 옛날부터 다른 표현을 쓰지. 그럴 때는 "저리는군~!"이라는 이상한 말을 하는 버릇이 있단다. 몸이 저릴 때는 그에 상응하는 스트레스를 받고 있는 건데, 나의 용기와 지성이 건재함을 분명히 의식하려고 하지. 물론 불안이나 스트레스 자체는 힘들지만 그런 도전을 하는 내 행동의 '의미'와 '가치'가 분명히 중심을 잡아주거든.

그래서 비즈니스의 전쟁터에서 말도 안 되는 일이 벌어져도 그런 시끌벅적한 불안정한 상황을 즐길 수 있게 되고, 급기야 웃을 수 있게 돼…. '피학적인 걸 선호하는 기질이어서 불안을 극복할 수 있는 것'이 아니야. 최악의 상황이 되어도 그것이 최악이 아님을 분명히 알고 있기에 뛰어넘을 수 있는 거지. 도전하는 과정에서 얻게 된 많은 귀한 경험치가 저울의 반대쪽에서 무겁게 내려가는 '불안'과 균형을 맞춰주기 때문이야.

다시 말해 커리어는 당장의 목적달성 여부가 전부가 아니라는 말이야. 가장 중요한 건 목표로 하는 방향을 향해 끊임없이 성장하는 일이지. 성장함으로써 목적을 달성할 확률은 올라가고, 포기하지 않는 한 그 목적에 도달할 거야. '도전하지 않으니 실패도 하지 않는 자신'보다는 '도전하기에 실패하는 자신'이 훨씬 더 강해질 수 있단다.

전력을 다해 임했다면 설령 패배하더라도 앞으로 넘어지더라도 거기서부터 다시 일어나면 되는 거야. 그때의 자신은 지금보다 훨씬 강해져 있을 테니 분명히 괜찮을 거란다. 실제로 큰 실패를 한 덕에 얻은 배움과 인맥 덕에 이전에는 상상도 못했던 새로운 세계에 눈 뜨는 경우는 매우 많아. 나의 '피지크' 역시 그랬지. 성공하든 실패하든 지금보다 성장할 수 있는 한, 그리 큰 손해는 없어. 그걸 알아두면 불안에 직면해도 너 역시 웃을 수 있을 거야.

냉정하게 생각해보렴. 그걸 알면 불안이나 리스크란 대체 무엇인가 싶을 거야. 회사나 조직이 네게 줄 수 있는 최악이란 무엇일까? 사회인이 되어 어딘가의 회사에 들어가 진취적으로 도전해 설령 뭔가 큰 실패를 한다고 하더라도 아무도 네 목숨까지 가지러 오지는 않을 거야. "내일부터 회사에 나오지 않아도 돼. 너는 해고야!"라는 말을 듣는 정도겠지. 이런 상황을 절대로 두려워하지 마라.

실제로 해고된 대부분의 사람들의 인생이 그럼에도 무탈하게 이어지고 있는 걸 쉽게 보잖니? 회사에서 나오면 새로이 머물 곳을 찾으면 되는 거야. 살아갈 의지만 있다면 틀림없이 살아갈 수 있고, 그걸 계기로 더 좋은 활약의 장소를 찾게 될지도 몰라. 무얼 그리 두려워하니? 이 넓은 세계에서 살아갈 방법도 자신의 특징을 필요로 하는 곳도 얼마든지 있단다. 네 스스로 무언가 장사를 시작하는 것도 자유이고, 진지하게 생각해보면 얼마든지 실마리가 떠오를 거야. 그런데 지금의 직장을 잃는 게 그렇게 두려운 까닭은 뭘까?

그 공포심의 절반 이상은 자기보존본능이 그려내는 픽션에 불과해. 이 산을 떠나면 굶어죽는다! 이렇게 뇌가 네게 보여주는 환각이란다. 너의 이성이 해고되는 것 자체를 두려워하는 게 아니라, 뇌가 본능적으로 변화로 인해 일어날 스트레스를 피하고자 너를 쫄게 만드는 것뿐이야. 그렇게 줄곧 뇌에 속으면서 많은 사람들이 가급적 '변화'를 피해왔지. 그러니 계속 변화가 두려운 거야. 그런 '엄살쟁이'만 늘어나는 일본은 이상해지고 있어.

'엄살쟁이'는 살면서 눈앞의 변화에 대응할 만큼의 내성을 충분히 키우지 못한 거야. 도전하지 않고 변화로부터 도망치는 선택만을 해왔지. 도전하지 않으니 성장도 없어. 도전하지 않으니 상대적으로 점점 약해져. 지금 사는 산에만 점점 더 의존하게 되어, 산에 머무르려고 누군가의 '노예'가 되는 길을 택하는 인생을 살아. 언제까지고 작은 이변조차 두려워하는 겁 많은 양, 겁쟁이 치킨 같은 인생을 살게 돼. 선택하지 않았기에 수동적으로 그런 인생을 골라버린 셈이야!

그들 앞에 존재하는 건 더 만지기 두려운 '불안'이 아닐까? 도전하지 않는 인생에는 더 악질적인 불안이 따라다니는데, 바로 자신 없는 사람이 가진 특유의 '영원히 불식시킬 수 없는 불안'이야. 잘 생각해보렴. 너는 그런 인생을 살고 싶니? 그런 인생을 걷기 위해 네가 태어난 걸까?

아니야. 어느 길에나 불안이 뒤따른다면 도전하는 '불안'을 선택해야 해. 도전하는 '불안'은 선량하다고 인식하면, 그 스트레스에도 익숙해지고 친구로 삼을 수도 있어. 도전하는 '불안'은 네 미래를 위한 투자란다. 그 스트레스로부터 달아난다는 건, 실패의 리스크를 지지 않는다는 건 무엇에도 도전하지 않은 길을 선택하는 거야. 그리고 계속 '영원히 불식시킬 수 없는 불안'이라는 더 악질적인 어둠으로 휩쓸려가게 되겠지.

불안하다는 건 성장하고 있다는 증거

진지하게 생각하렴. '아무것도 실패하지 않은 인생….' 죽기 전에 자신이 그렇게 중얼거리며 천수를 다하는 장면을 상상해봐. 그래도 정말로 후회 없이 저세상으로 갈 수 있는지 말이야. 아무것도 실패하지 않았다는 건 아무런 도전도 하지 않았다는 이야기야. 그건 무엇과도 바꿀 수 없는 한 번뿐인 인생에서 아무것도 하려 하지 않았다는 거지. 그건 겁쟁이의 인생 낭비야! 실패하지 않는 인생 자체가 최악의 대실패가 아니니? 아무것도 실패하지 않는 인생이란 아무것도 도전하지 않은 인생이야. 괜찮아, 인간은 무언가를 하든 안 하든 어차피 언젠가는 죽어. 어차피 죽을 거니 무언가에 도전하는 걸 두려워할 필요는 없어. 오히려 허락된 시간 속에서 하고 싶은 일을 하지 않는다면 큰 손해일 거야.

그러니 불안에 머리카락을 곤두세우며 쫄게 되기도 하는 도전에 맞서는 너는 대단한 거야! 아픈 것도 불안한 것도 살아 있다는 증거야. 그럴 때 너는 그 순간을 '살고 있는' 거란다. 물리적으로 살아있어도 실제로는 살았는지 죽었는지 모를 사람들이 얼마나 많은지 몰라. 그런 속에서 너는 용감하게도 안전한 영토를 벗어나 생명을 불태우며 무언가에 도전하고 있다는 증거야! 그 길을 스스로 선택했다면 자신감을 가지렴. 너의 용기와 지성은 모두 건재하니까.

마음속의 '불안'에 시민권을 부여하고 '불안'의 자리를 인정해줘라. '도전하고 있다는 증거!'라며 기뻐해라. 불안해도 괜찮아. 그렇게 과도한 불안과 늘 공존하는 인생, 그것이 계속 성장하는 인생이며 네가 다른 누구도 아닌 훌륭한 네가 되기 위한 인생이야. 네가 너를 계속 연마하는 한 평생 '불안'은 사라지지 않는다. 하지만 불안에 익숙해질 수는 있고, 금세 사소한 일로는 불안을 느끼지 않게 되겠지. 성장함에 따라 능력이 생기고 자신감이 붙을 테니 옛날에는 불안했던 일들이 전혀 문제로 여겨지지 않게 될 거야.

그렇게 연마되고 강해진 너는 이제 사소한 걸로는 '도전'의 정도가 성에 차지 않을 거야. 더 강렬한 도전, 그 시점에서 네가 나름의 '불안'을 느끼는 도전을 선택하고 더 크고 강한 자신이 되고자 하겠지. 이 사이클이 지속되는 한 너는 계속 성장할 거야. 하지만 자신이 불안을 느끼지 않는 편안한 환경에 머무른다면 성장은 끝난다. 과연 이 사이클을 얼마나 지속시킬 수 있을까? 어디까지 성장하기를 선택할 건지는 네 목적에 따라 다를 거야. 각자 자신의 가치관에 따라 선택하면 돼.

지금 나는 죽음의 순간까지 이 사이클을 돌리고 싶단다. 이 생각이 평생 이어질지 어떨지는 몰라. 나는 이제 마흔 여섯 살이야. 도전을 추구하며 P&G로 뛰어들었고, 더한 도전을 찾아 USJ로 몸을 던졌으며, 또다시 더 큰 도전을 위해 창업이라는 길로 들어섰단다. 분명 이 사이클을 끊임없이 돌려왔기에 지금의 내가 있는 거야.

하지만 또 내가 아직 모르는 단계의 인생 경지도 있겠지. 지금은 인생에서 가장 건강하지만 앞으로 수십 년이 지나면 체력과 기력도 달라질 거야. 앞일은 몰라. 다만 훨씬 많은 나이에도 이 사이클을 지속시키는 사람들을 나는 여럿 알고 있단다. 내가 만난 그 사람들은 프로로서 말이 필요 없을 만큼 아주 멋진 분들이야.

예를 들어 USJ에서 만난 글렌 검펠 씨만 해도 그래. 그는 USJ를 퇴임하던 67세까지 맹렬히 도전해왔어. 가족을 미국에 남겨두고 홀로 부임해 12년의 시간을 오사카의 USJ에서 도전하는 데 바쳤단다. 힘든 상황에서 누구보다 비즈니스에 집착하고, 승리에 매달리며, 생각하고 또 생각하는 사고력의 정수를 발휘했어. 그리고 보란 듯이 자신의 도전을 성공시켰지. 나는 지금부터 20년이 지났을 때, 과연 그때의 글렌 씨 정도의 강한 집념과 불타오르는 열정을 갖고 있을까? 그러기를 바라지만 솔직히 자신은 없구나. 그만큼 그의 도전 정신은 대단했거든.

반세기에 걸쳐 자신을 갈고 닦아온 '달인'의 무시무시한 빛을 나는 여러 번 목격했어. 비단 글렌 씨뿐만 아니라, 도전을 계속하는 인생이 얼마나 멋진지 몸소 보여주는 사람들을 여럿 아는 행운을 누렸어. 나이가 든다는 건 무언가를 잃는 것만은 아니야. 나름대로 충실하게 살아가는 것도 또 사회에 큰 도움을 줄 수 있다는 것도 뒷모습을 통해 알려준 분들이지. 나도 너희에게 그런 뒷모습을 보여주는 어른이 되고 싶구나.

인생 100세 시대라는 말을 들으며 살아갈 너희는 긴 인생을 어떻게 하면 보람되고 충실하게 살아갈 수 있을까? 도전하지 않는 버릇이 들면 분명 긴 인생이 지루해지지 않겠니? 그러니 불안과 마주하며 공존하는 길을 추천하고 싶어. 빠를수록 좋겠지만, 언제 시작하든 그 시점부터 인생이 빛날 것을 생각하면 너무 늦는 때란 없을 거야.

불안을 가졌을 때 비로소 사람은 성장하고, 어른이 되고, 퍼스펙티브가 넓어진단다. 불안한 너는 자신의 세계로 떠나는 여행을 너의 다리로 시작한 셈이야. 거기서 눈에 들어오는 풍경이야말로 너만의 세계란다.

Welcome to your world!

'약점'과 마주하려면?

앞으로 시작될 긴 커리어의 여행 속에서 너는 분명 자신의 '약점'을 극복해야 할 때가 올 거야. 너 스스로 자각해서 그러기도 하겠지만, 사회가 너의 특징에 관계없이 여러 가지를 기대할 거니까. 회사도 상사도 네 약점만을 지적하며 개선하도록 요구할 테지.

이미 이야기했듯이 회사가 급여를 지불하는 대상은 너의 강점이지, 네가 약점을 극복하기 위한 노력에 대한 것이 아니란다. 연봉을 올리고 싶다면 강점을 키워야 해. 그러니 약점을 극복하도록 요구받을 때 너는 상사의 말에 순순히 고개를 끄덕이면서도 그 약점을 극복하기 위해 네 자원을 얼마나 쓸지 냉정하게 판단해야 한다. 표면상으로는 어떻게 꾸미든 괜찮지만, 네 본질은 늘 커리어 전략에 충실한 행동을 취해야 하거든.

그 판단을 어떻게 할까? 우선 요구받고 기대받는 행동이 다음의 셋 중 어느 유형에 해당되는지 생각해야 해.

① 너의 강점인 특징과 상반되는 경우

② 너의 강점인 특징을 더욱 강화하는 경우

③ 모르겠는 경우

일찍이 포기해도 좋은 건 ①의 경우뿐이야. 너의 강점을 죽이는 모순된 요구는 결코 마음속에 받아들여서는 안 돼. 그걸 받아들이면 상사나 회사로서는 좋을지 몰라도 너에게는 무척이나 좋지 않거든. 가지인 너를 토마토로 만들려는 요구는 네가 바라지 않는 한 받아들일 필요가 없단다. 적어도 그걸 결정하는 건 회사가 아니라 네 자신이니까. "네, 노력하겠습니다!" 하고 밝은 표정으로 말하면서 네 본심은 강점을 살려 문제를 해결하는 방법에 집중해야 한다. 그렇게 해서 존재를 인정받지 못한다면 인정받을 수 있는 환경을 찾아 헤엄쳐가면 돼.

②는 진지하게 개선을 위해 노력해야 할 과제야. 분석력으로 살아갈 뜻을 세운 T속성의 마케터가 특기인 양적조사의 통계분석뿐만 아니라, 질적조사를 활용해 더 다각적인 판단력을 갖춰야 한다는 지적을 받았다면 철저히 개선하기 위해 노력해야지. 그걸 잘하게 될지 어떨지는 해보지 않으면 몰라. 해봐도 자신의 특징의 한계가 보이고 네 것이 되지 않는 것 같아 고민할 때도 있겠지. 하지만

적어도 해봄으로써 자신의 특징을 더 잘 알게 되는 이점이 있다는 걸 잘 기억해두렴.

그러니 ③의 경우도 포함해서 해보지도 않고 거부하는 건 안 된단다. 잘 모르겠으면 우선은 상사가 요구하는 걸 해보고, 성과를 낼 수 있도록 적극적으로 진행해보면 돼. 해보면 자기 안에 있는 '좋아하는 동사'가 새롭게 늘어날지도 모를 일이야.

한편으로 해보면서 시행착오를 겪은 후에도 역시 못하는 영역이 늘어날 뿐인 결과도 충분히 있을 수 있단다. 그럴 때 '못하는' 이유가 노력이 부족하거나 방법이 잘못된 탓인지, 아니면 자신의 특징과 너무 맞지 않아서인지 냉정하게 분별해야 해. 올바른 판단을 위해서는 진지하게 임해야 하고 어느 정도의 기간 동안 노력을 계속해야만 한다.

그러면서 자신이 못하는 본질적인 이유가 자신이 타고난 특징 탓이라면 그 영역은 ①에 속하는 것이니 버리는 영역이야. 그렇지 않고 My Brand 설계도에 따라 요구되는 영역의 습득이 중요하다면 착실히 노력해야겠지.

사람이 약점을 극복할 수 있는 것도, 극복해야 하는 것도 그 사람의 강점이 되는 특징의 주변영역뿐이야. 내가 생각하기에 그 이외의 것에 들이는 노력은 거의 결과가 나오지 않아. 그러니 자신이 강화시키고 싶은 능력을 더 키우기 위해 약점을 극복해가는 것 이외에는 과감히 포기하렴. 그래, 포기하는 거야. 그 영역을 마스터하는 것으로부터 전략적으로 철수하는 거야. 하지 않겠다는 선택을 하는 걸 의식하지 않는 사람이 많은데, 그건 매우 중요해. 남이 시키는 대로 자신을 바꾸려고 하면 시간과 기력이 아무리 많아도 부족하거든. 어디 그뿐이겠니. 남에게 좋은 사람이 될 뿐이란다.

하지만 그 영역이 자신이 달성하고자 하는 일이나 사업을 위해 매우 중요한 경우가 있어. 사회인 생활이란 그런 일투성이지. 강점과 약점의 차이가 심한 내게는 일상다반사였어. 그래서 궁극의 '약점'과 마주할 방법이 필요했어. 너도 사람의 힘을 활용해서 문제를 해결하는 기술을 익혀야만 한다. 그것이 L속성인 사람의 특기인 사람을 활용하는 리더십이야.

취미의 세계라면 몰라도 프로의 세계에서는 목적 달성에 필요한 주된 능력의 전부를 자기 혼자서 꾸리기란 애당초 무리야. 그것을 지향하다가는 모든 것에서 어중간한 능력밖에 가지지 못한 사람이 될 테니까. 무언가에 특출난 프로라면 반드시 서툰 영역이 몇 가지는 생기지. 그러니 자신의 부족한 영역을 커버할 수 있는 타인의 힘을 빌리는 건 매우 중요한 전략적 수단이 된다.

평소에 자신과 강점, 약점이 맞물리는 프로를 찾아서 주위에 두고 소중히 여기렴. 그리고 자신의 강점을 주위 사람들의 목적을 위해 쓰는 데 힘써야 해. 그렇게 해서 어떤 목적을 위해 네 힘은 하나의 팀으로 만들어지고, 그 팀은 각각의 강점을 조합하여 사각지대를 줄이고 마치 완전체에 가까워지는 목적달성을 위한 능력을 갖춰 가는 거야. 그것이 바로 '조직력'이야.

자신의 강점의 뒷면에 자리한 약점을 스스로 극복하려는 노력은 매우 쓸데없는 일이야. 그럴 시간이 있다면 차라리 거기에 강점을 가진 사람을 찾아내서 허리를 굽히고 힘을 빌리면 된다. 대개의 경우, 너의 약점을 강점으로 가진 상대방의 특징은 너의 강점을 환영하는 경우가 많아. 왜냐하면 그 상대방은 너와 정반대의 특성을 가졌을 가능성이 높으니까. 네가 자신의 약점을 자각하고 사람의 힘을 빌리려고 할 때, 그 사람의 가치를 빛내는 '자리'를 만들어낼 수 있단다. 사람을 빛나게 할 때 너도 함께 빛나고 있음을 잊지 말아라.

그러니 너는 앞으로 네 자신뿐만 아니라 주변의 상사와 동료, 선후배, 부하직원, 한 사람 한 사람이 가진 '인간적 특성'을 살펴야만 해. 지금의 기술만을 자랑하는 건 좋지 않단다. 아직 연마되지 않은 특징도 포함해서 그 사람이 근원적으로 가진 '영혼적인 부분'을 판별해야 하는 거지. 사회인이 되어 그 중요성을 의식하고 주위 사람들을 대하면 그 사람이 '좋아하는 동사'를 잘 알게 될 거야. 그럴 안목을 키울 수 있다면 강력한 L인 사람이 될 가능성을 꽃피웠다고 할 수 있어.

동료의 힘으로 내 약점을 지운다

특징을 잘 이해하고 특히 중요하게 여겨야 하는 건 자신과 비슷한 인간이 아니야. 사람은 무의식적으로 자신과 비슷한 사람을 과잉평가하는 경향이 있단다. 그건 자기보존을 원하는 뇌가 자기 자신을 인정하고 긍정하고자 하는 바이어스를 늘 개입시키기 때문이야. 오히려 자신과 다른 유형의 특징을 가진 사람을 의식적으로 찾고, 그 가치를 인정하며, 그 가치가 불타오르는 곳에서 빛나게 하고, 그러한 사람들을 중요하게 다뤄야만 해. 과거의 글렌 씨가 나를 그렇게 대한 것처럼, 인간은 진심으로 자신의 값어치를 알아주는 사람을 위해 힘을 발휘하는 법이거든.

바이올린만 50대 있는 것보다는 다양한 음색을 낼 수 있는 악기가 조합된 오케스트라가 표현할 수 있는 악곡이 더 많겠지. 그것이 '다양성'의 진정한 가치란다. 네가 언젠가 큰일을 해내고 싶다면, 주위에서 여러 음색(사고의 다양성)을 추구하기 바란다. 리더의 일이란 모두가 연주하고 싶어할 만한 악곡을 가져와서 완성형의 이미지를 명확히 제시하고, 각각의 개성적인 음색을 끌어내어 그것을 조합시켜 음악을 만드는 거야. 잘 되면 지휘봉을 휘두르는 네 뒤에는 어느새 많은 관객들이 자리하고 있을 테고, 너희의 연주에 감동하고 있을 거야.

내가 USJ를 재건할 수 있었던 것도, 지금 '가타나'에서 큰 성과를 내고 있는 것도 나와는 다른 특징을 가진 동료들 덕분이야. '가타나'의 깃발을 올릴 때는 손발을 다 써도 모자랄 만큼 많은 사람들이 모였단다. 각각의 길에서 내로라하는 일인자들이 같은 목적을 향해 가는 여행을 함께 해주고 있지. 이렇게 어떻게 될지도 모르는 작은 벤처기업의 시작에 말이야! 나는 잘하고 못하는 것의 차이가 심하고 부자도 아닌데, 안정을 버리고 함께 도전하는 리스크를 짊어져 준 한 명 한 명에게 진심으로 감사하고 있어.

초기에 매출이 1엔도 나지 않아 힘들었던 시기를 거쳐 3년차에 들어섰지만 아직 한 명도 이탈하지 않고 사기는 점점 더 높아지고 있단다. 지금은 내 배에 승선해준 동료들은 벌써 30명 정도가 되었고, 그들의 힘을 결집시켜 사각지대를 없애고 '가타나'에서 현저한 비즈니스 결과물을 여럿 내놓고 있어. 그들이야말로 프로로서 내가 가장 소중히 여겨야 할 존재들이야. 내가 '약점'과 마주하는 방법이란 이런 거야.

과거 교우관계로 고민하던 네게 한 말을 기억하니? 나는 이런 말을 했지.

"네게는 언젠가 반드시 동료가 생길 테니, 넓고 얕은 착각으로 이어진 친구 따위는 없어도 되는 거야."

친구가 없다거나 생기지 않는 일, 친하게 지내지 못하는 일로 고민하지 않아도 돼. 물론 이해관계를 초월한 친한 벗은 소중히 여겨야지. 하지만 그런 벗이 생기지 않는다고 해서 마음 상할 필요는 없어. 나는 진심으로 그렇게 생각한다.

결국 모든 사람은 자신이 주인공인 인생을 각자 살아간단다. 그래야만 하지. 열심히 서로에게 신경을 쓰고 우정이니 의리니 해도 애당초 목적이 다른데 이해관계를 조정한다는 건 처음부터 말도 안 되는 거야. 억지로 맞춰봐야 목적이 제각각이니 스트레스를 받는 것 치고는 시간도 공간도 조금밖에 공유하지 못해. 친구와는 길게 이어지는 커리어나 인생의 여행을 공유할 수 없는 거야.

그런 것에 애를 태울 시간이 있다면 차라리 자신이 하고 싶은 일을 찾아서 거기에 열중하길 바라! 너는 너답게 똑바로 깃발을 세우고, 거기에 몰두해 매진하면 되는 거야. 목적을 추구한다면 네게도 언젠가 분명 손을 맞잡고 같은 목적을 향해 가는 진정한 '동료'가 생길 거야. 그것이 자신의 약점과 마주하는 가장 좋은 방법이라고 생각해.

'행동'을 바꾸고 싶을 때의 비결

자신의 행동을 바꾸고 싶을 때, 제대로 변화하기 위한 비결을 알려줄게. 사람은 바뀌려고 해도 좀처럼 바뀌지 않는다. 어째서일까? 바로 바꾸려고 각오했을 때의 의식변화와 실제의 행동변화까지의 '타임러그'를 견디지 못하기 때문이지. 무슨 말인지 간추려서 설명해줄게.

자신의 행동을 바꾸겠다고 결심했다고 해보자. 그 순간에 의식은 이미 바뀌어 있어. 하지만 실제로 행동이 바뀔지 아닐지는 신경회로와 연동되는 근육의 움직임이라는 물리적인 문제란다. 그때까지의 행동패턴을 뇌세포와 신경회로가 기억하고 있거든. 무의식적으로 움직이면 행동은 어떤 패턴대로 움직이도록 정해져 있는 거야. 그걸 변화시키려는 거니까 몇 번이고 시간을 들여서 새로운 신경회로와 근육의 연동패턴이 주가 되도록 꾸준히 '몸'으로 하여금 기억하게 만들어야 해.

즉 행동변화에는 시간이 걸린단다(타임 러그). 의식이 변화하고 자신은 이미 달라졌다고 생각해도 실제 행동이 금방 따라주지 않는 건 당연한 일이야. 그러니 현실에는 의식변화라고 생각한 직후에 원래의 행동을 몇 번이고 되풀이해버리는 자신이 존재하지. 상사가 이렇게 말해.

"저번에도 말했지? 같은 이야기 두 번 하게 만들지 마!"

배우자는 이렇게 말할 거야.

"당신은 정말 입으로 말만 하지, 아무것도 바뀌지 않아."

그리고 스스로 이렇게 느낀단다.

'나는 정말 안 되는 사람인가 봐.'

그래서 인간은 좀처럼 바뀌지 않는 거야.

이런 식으로 '의식변화 → 행동변화'의 타임러그를 견디지 못하고 주위 사람들을 실망시키며 자기 자신에게 실망해버리니 행동을 바꾸려는 노력을 지속하지 못해. 즉 물리적인 교정트레이닝을 계속하지 못하게 되는 거란다. 따라서 그 사람의 행동은 바뀔 수가 없어.

바뀌고 싶을 때 잘 바뀔 수 있는 비결은 무엇일까? 바로 처음부터 바로 바뀔 수 없음을 각오하고 시간이 걸릴 것을 반영해 변하기 위한 노력을 계속하는 거야. 주위에도 자신에게도 올바른 기대치를 설정하는 것이지. 나의 예를 하나 들어볼게.

나는 네 엄마로부터 거듭 강력한 요청을 받고, 그때까지 남자의 자존심으로 서서 보던 소변을 앉아서 보는 '행동변화'를 추진하기로 했단다. 진짜 있었던 이야기야. 얼마 전 비행기가 늦었을 때 시간이 남아서 서서 소변을 볼 때와 앉아서 볼 때의 위치에너지의 차이로 인해 비말이 랜덤한 확률로 흩어지는 차이가 확산범위의 차이를 얼마나 만드는지 계산해봤어. 비교해보니 네 엄마의 주장은 과학적으로 지극히 옳다는 걸 이해했어. '이건 아니구나! 앞으로는 앉아서 소변을 보겠어' 하고 순순히 생각했지.

그렇다면 행동을 바꾸기로 결심한 뒤에 어떻게 해야 할까? 이제껏 46년 동안 몸에 배인 습관(신경회로와 근육의 운동)을 만만하게 보면 안 돼. 화장실에 들어서면 무의식적으로 선 채로 소변을 보는 일은 쉽게 상상돼. 금방 바뀔 리가 없다는 걸 나는 알고 있어. 그래서 서서 볼일을 봐버려도 스스로에게 너무 실망하지 않는단다.

우선은 다섯 번 중에 한 번(하루 중 약 한 번) 앉아서 소변을 보면 자신의 노력을 인정해주기로 했어. 그러다보면 다섯 번 중에 두 번 정도는 가능해지게 되지. 이때 자신의 노력을 '역시 나는 한다면 하는 사람이야!' 하고 더 인정해주는 거야. 변기를 열었을 때 뚜껑 뒷면에 '앉아서 볼 일 보기'라고 써 붙여두는 아이디어를 떠올린 나를 더 많이 칭찬해줘야 해. 그 한 수가 의식변화를 계속하는 '시스템'으로써 매우 뛰어나거든.

그러면 세 번이 가능해지고 그로부터 석 달이 지나면 거의 네다섯 번을 앉아서 소변을 보게 된단다. 이것을 늘 의식해서 계속하면 언젠가 무의식적으로도 앉아서 소변을 보는 새로운 신경회로와 근육의 연동패턴이 고정될 거야. 그렇게 자신의 목적에 맞는 바람직한 행동을 취할 확률을 조금씩 올려가면 돼. 의식변화를 행동변화로 잘 연결시키려면 그렇게 타임러그에 대비해야 하는 거지.

바뀌고 성장할 수 있는 원동력

실제 비즈니스에서는 상사나 주위에서 그런 따뜻한 눈길로 지켜봐주는 경우는 거의 드물어. 의식변화와 행동변화의 타임러그와 싸우는 건 오로지 자기 자신뿐인 경우가 많아. 주위에서는 가차 없이 실망할 테니 각오해야 해. 그래도 의식변화와 노력을 계속해야만 한다. 그 행동변화가 네게 중요하다면 너는 절대로 포기하면 안 돼. 몇 번이고 같은 실패를 하더라도 포기하지 말고 계속 고치려고 노력하면 새로운 행동패턴을 획득할 수 있을 거야.

그리고 네가 언젠가 부하직원을 거느리게 되었을 때 '바뀌어야지!'라는 부담을 부하에게 가했을 때, 이 말을 떠올리렴. 부하직원 본인만 노력하는 것보다는 만약 네가 그 부하직원의 행동변화의 5분의 1의 성공을 인정해줄 수 있다면, 즉시 그 변화를 칭찬해줄 수 있다면, 그는 분명 급속도로 바뀌고자 하는 방향으로 바뀌어갈 거야(자녀들도 마찬가지라고 생각해). 자기 자신의 성장도 기쁘지만, 자신이 관여해서 주위의 소중한 사람들이 어떻게 달라지는지 그 변화의 기점이 되는 것만큼 기쁜 일은 드물 거야.

사람은 쉽게 변하지 않아. 하지만 특징과 맞으면 어떤 방법을 쓰느냐에 따라 달라질 수 있어. 가지를 오이로 바꿀 수는 없지만, 가지를 더 훌륭한 가지로 바꾸기 위한 행동변화는 매우 중요해. 자기 자신에게도, 또 성장시켜야 할 책임이 있는 상대방에게도, 동료에게도 '알아차림'과 '조력'이 분명 필요할 거야.

미래의 너에게 보내는 편지

좀처럼 자식을 떠나보낼 준비가 되지 않은 나 대신에 너는 착실히 부모의 품을 떠나려고 하고 있구나. 그러니 이번 구직활동의 시기를 하나의 기점으로 삼아 이 많은 글의 마지막으로 네게 꼭 하고 싶은 이야기가 있어. 나의 순수하고 긍정적인 의도를 믿고 마지막까지 읽어주길 바란다.

네가 태어난 20세기 말, 일본은 수렁에 빠진 거나 다름없었어. 버블이 진즉에 붕괴된 후로도 사회를 성장시키는 변혁은 이뤄지지 않고, 경기가 좋아질 기미는 전혀 보이지 않았으며, 간사이에서는 대지진의 흉터가 아직도 생생했으며 세기말의 세계멸망 예언까지 나도는 그야말로 최악이었지. 그로부터 20년 넘게 흘렀지만 여전히 방황하고 있는 지금의 일본과 비교해도 당시 사람들은 훨씬 심한 불경기라는 깊은 어둠에 사로잡혀 있었단다.

나 역시 커리어의 밑바닥에 있었어. 사회인이 되었지만 전화도 받지 못할 만큼 정신적으로 내몰렸고, 그럼에도 필사적으로 내 나름의 방식으로 활로를 모색해 악전고투하고 있었어.

그 무렵이었어. 내게 네가 태어났던 거야. 너는 그런 밑바닥의 나에게 태어나준 '빛'자체였어. 작은 너를 처음 만났을 때 갓 태어났는데도 너는 커다란 눈을 또렷이 뜬 힘찬 모습으로 새로운 세계를 하나하나 확인하려는 듯이 천천히 그리고 오래도록 방안을 둘러봤단다. 딸 바보는 정말 무서운 거여서 그 순간에 내가 마음속으로 생각한 걸 토씨 하나 틀리지 않고 네 엄마가 웃으며 먼저 말했단다.

"이 애, 너무 똑똑할 것 같아!"

세계를 흘겨보고 있는 너를 나는 조심조심 처음으로 안아보았어. 얼마나 작던지! 그리고 또 얼마나 사랑스럽던지! 너는 내 왼손의 네 번째 손가락을 갑자기 꼭 쥐었단다. 그때 그대로 전해진 따뜻함은 얼마나 무상하고 또 얼마나 확실한 존재감이었는지 모른다! 네 작은 손바닥과 쌀알 같은 손가락 끝이 쥐고 있던 건 손가락 하나가 아니라, 나라는 존재 전부였어.

그때까지 잠들어 있던 DNA의 프로그램이었을까? 분명히 내 안에서 무언가 스위치가 켜졌어. 말로 하자면, 이 아이를 위해 죽을힘을 다해 살아야 한다는 각오가 싹튼 것인데 그 충격은 그저 그런 수준이 아니었어. 이제 사람이든 곰이든 뭐든지 한방에 쓰러뜨릴 수 있고, 하늘도 날 수 있고, 세계도 정복할 수 있어! 갑자기 그런 '전능감'이 찾아온 거야. 아무런 근거도 없지만, 뭐든지 할 수 있다는 '확신'이 돌연 마음 한가운데에 '짠'하고 나타난 거지! 병원에서 나온 직후에 올려다본 하늘의 끝없는 푸르름이 지금도 잊히지 않는다.

작은 너는 내게 절대적인 힘을 주었단다! 살아갈 의미를 주었다고 해도 좋아. 사회에 발을 내딛고 좌절을 거듭하고 시행착오 속에서 막다른 길을 경험하던 내 마음을 네가 얼마나 분발하게 만들었는지 모른다. 그날부터 의욕이 끊임없이 샘솟고, 폭발하는 화산처럼 터져 나왔어. 덕분에 게으름뱅이였던 내가 약한 마음에 지지 않고, 해야 할 행동을 하는 사람이 될 수 있었어.

그때까지는 다른 사람들과 똑같이 했으면 '이만하면 됐어'라고 여기고 퇴근했어. 하지만 그런 정도로는 내 일에 전혀 만족할 수 없게 되었어. 내 나름의 부가가치를 만들어내는 데 집착했고, 그러기 위해 끈질기게 버티는 것이 당연한 습관이 되었단다. 차차 다양한 일에 도전하는 적극성이 늘어났어. 기회를 획득하는 일에도 능해졌단다. 빨리 더 '유능한 사내'가 되어야만 했어. 왜냐하면 나는 네 아빠가 되었으니까!

일 때문에 다소 풀이 죽어도, 많이 피곤해도, 그런 건 큰 문제가 아니었어. 왜냐하면 집에 돌아가면 작은 네가 기다리고 있고, 울고 웃어주었기 때문이야! 주말에는 네게 귀여운 병아리 망토를 입히고는 내 오른쪽 어깨 위에 너를 앉혀 공원에 가면 더없이 완벽했어. 너와 시간을 보내면 일주일의 모든 수고를 보상받는 것 같았거든! 작은 너의 탄생은 내게는 말 그대로 '천사의 강림'이었던 거야….

그 후 함께했던 이십 수년 동안 나는 네게 많은 기대를 해왔어. 성장하는 네게 여러 가지를 가르치려고 했지. 이 세계의 재미와 아름다움을 소중한 네게 가급적 많이 알려주고 싶었거든. 네게는 재미있는 일뿐만 아니라 성가셨던 일도 많았을 거야. 더러는 네 인생의 가능성을 넓히기는커녕 내 가치관을 강요하는 걸로 끝난 경우도 있었을 테지. 이 대량의 글도 자식을 품에서 떠나보내지 못하는 딸바보의 전형적인 소행이라 생각해.

네가 태어난 그날부터 벌써 20년도 넘게 흘렀다! 믿어지지 않을 만큼 빠른 속도야. 작았던 네가 어느새 자라 사회로 날아가려고 하고 있어. 부디 네 자신의 욕구에 솔직하게 선택하길 바란다. 네 세계를 결정하는 건 너뿐이니까! 많은 정답 가운데 어느 것이라도 좋아하는 길 하나를 골라 끊임없이 앞으로 나아가면 된다.

뒤는 일체 돌아보지 않아도 돼. 네 자신의 인생을 충실하게 만들기 위해 무엇이 필요한지 그것만 생각하면서 전진하면 된단다. 더 이상 부모의 기대나 효도 같은 것도 일체 생각하지 마라! 작은 손으로 과감하게 내 네 번째 손가락을 쥐어준 그 순간 너는 평생의 효도를 충분히 한 것이니까. 너희들이 태어나기 전에 어떻게 살았는지 기억이 나지 않을 만큼 나는 행복했단다. 너희가 태어나준 덕에 이십 수년의 시간을 함께해준 덕분에, 이 세계의 누구보다도 나는 즐겁고 행복했으니까.

네 자신을 믿고 걸어가라

나는 너라는 인간의 가능성을 믿는다. 그러니 불안하지 않아. 내 경험상 종합적으로 판단하면 네가 타고난 것을 살리려고 하는 한 분명 길이 열린다는 것, 그리고 네 힘이 다른 누군가에게 큰 도움이 되는 미래를 나는 믿어 의심치 않는다. 그 점에서 내 안에 불안은 털끝만큼도 없어. 너는 분명 괜찮을 거야!

너는 초등학교 입학식을 일본과 미국 양쪽에서 경험했지. 4월에 입학해 겨우 친해진 친구들과 1학기가 끝나자마자 이별하고, 9월에 미국의 현지학교의 입학식으로 내몰렸어. 이문화 수준을 넘어서서 말도 전혀 모르는 상황에서도 매일 학교를 다니고, 몇 달이 지나자 영어를 배웠으며 반년 만에 새로운 환경에 적응했지. 그리고 몇 년 후에는 겨우 익숙해진 미국생활과 친한 친구들을 뒤로 한 채 다시 일본으로 귀국하여 이런 저런 사정에 적응하기 위한 고생도 경험했을 거야. 그러한 커다란 환경변화를 두 번이나 경험한 것, 적응할 때까지의 큰 스트레스를 실제로 체험한 것. 그것이 너의 귀한 재산이란다. 그러니 너는 분명히 괜찮을 거야!

그밖에도 여러 가지 일들이 있었지? 성공체험만 있었던 건 아닐 거야. 수많은 실패와 괴로웠던 일, 떠올리고 싶지 않은 일, 후회도 많을 거야. 너뿐만이 아니라, 20년이라는 세월을 살다보면 사람은 누구나 여러 가지 일을 겪게 되지. 괴로운 일, 고생, 좌절감 등을 많이 경험한 편이 스트레스에 면역이 생긴단다. 지금까지의 고생과 실패 하나하나가 바로 귀한 재산인 셈이야. 그리고 앞으로 네가 경험할 고생과 실패 역시 마찬가지야. 고생과 실패야말로 자신을 연마하기 위한 최고의 숫돌이 된단다. 그러니 도전을 두려워하지 마라! 너는 분명 괜찮을 거니까!

너는 앞으로 주인공으로서 네 세계를 자유롭게 그리고, 좋아하는 길을 고르며, 실패하면 거기서 다시 선택해 인생을 마음껏 즐기면 그만이야! 고민하고 실패하면서 그럼에도 그 나름대로 답을 찾아 앞으로 나아가면 돼. 정말로 힘들어지면 잘 쉬었다가 다시 천천히 일어나면 된다. 괜찮아! 도전하는 한 너는 분명 무언가가 될 수 있어. 그러니 마음 깊은 곳에서 네 자신을 믿으렴. '불씨'만큼은 언제까지나 소중히하며 걸어가길 바란다. 네 자신에게 네 인생이 빛나는 것, 나는 다만 그걸 바랄 뿐이야.

미래의 네게 한 가지 전해줄 말이 있어. 너는 어떤 세계를 여행하게 될까? 내 지적호기심이 궁금해서 못 견디는구나. 언젠가 네 퍼스펙티브를 차분히 들려주렴. 여기서 알려준 내 퍼스펙티브를 네 나름대로 수정해 업데이트하라는 뜻이란다. 그때까지 나는 사냥꾼으로서의 실력을 좀 더 길러둘 테니 맛있는 멧돼지고기를 안주 삼아 한잔하자꾸나….

자립하는 너는 앞으로 한 사람의 프로가 될 거야. 나도 한 사람의 프로로서 내 여행도 여전히 계속되겠지. 앞으로도 부녀사이는 변함이 없겠지만, 앞으로는 프로로서 대등하다는 뜻이란다. 언젠가 서로 프로로서 마주하고, 네가 모험한 세계의 이야기를 들을 수 있는 날이 오기를 무엇보다 기대하고 있어.

이 글은 상당한 양이 되었네. 꽤 많이 썼는데, 처음부터 네게 가장 해주고 싶었던 건 이 말이란다.

"태어나줘서 고마워!"

아빠가.

나오며

원하는 선택을 했다면 아무것도 틀리지 않았다

커리어란 수십 년을 계속해서 달리는 마라톤 같은 것이다. 구직활동은 그중 첫걸음을 떼는 시작에 불과하다. 그러니 자녀의 성공을 바라는 아버지가 자녀에게 전달해야 할 내용의 중심은 사회인으로서의 긴 커리어를 어떻게 성공시켜나갈 것인가에 대한 본질적인 원칙에 집중하게 되었다.

네 명의 자녀 한 사람 한 사람이 자신이 지향하는 방향을 찾아 사회인으로 출발했다고 했을 때, 어떻게 계속 날아갈 것인가? 순풍에 돛 단 듯이 좋은 일만 있는 것과는 거리가 먼 현실 속에서 풀이 죽든 넘어지든 어쨌거나 행복해지기 위해서는 어떻게 하면 좋을까? 그런 것을 필사적으로 생각한 이 책의 내용은 아버지로서의 내 갈등과 갈망으로 가득 차 있다.

늘 자식 생각뿐인 아빠가 지금까지 아이들의 미래를 위해 쓴 사적인 장편 원고는 이밖에도 몇 가지가 더 있다. 이번에 그중 하나를 처음으로 세상에 선보이기로 한 것은 젊은이들의 미래가 조금이라도 밝아지기를 바라는 마음에서다. 책을 낸 이상 이 책이 커리어와 인생에 대해 고민하는 사람들에게 어떤 깨달음이나 자극이 되어 결과적으로 조금이나마 누군가에게 도움이 되기를 바랄 뿐이다.

내 이야기는 《개미와 베짱이》의 '개미'가 되기를 강조하는 엄격하고 힘든 이야기뿐이라고 여기는 독자도 적지 않을 것이다. 요약하면 '목적에 따라 자신의 특징을 강점으로 바꾸고 죽을 때까지 갈고 닦으라!'는 이야기로 들리기 때문이다. 뭔가 힘든 내용이라거나, 그런 노력만 할 수는 없다는 솔직한 반응을 보이는 사람도 많을 것이다. 나도 어릴 때 한자연습 등 꾸준히 노력하는 숙제를 하기가 힘들어서 한 번도 해내지 못한, 타고난 게으름뱅이라서 그 마음은 아주 잘 안다.

그래서 '좋아하는 일'에 집중하기를 지겹도록 권하고 있는 것이다. 좋아하는 일이 아니면 노력은 계속할 수 없으니까. 만약 좋아하는 일조차 노력하지 못한다면 그 사람은 아무것도 노력할 수 없다고 보면 된다. 특별히 언급할 만한 기능은 상대적으로 아무것도 습득하지 못한다. 자본주의 사회의 규칙에 따라 초래되는 임팩트를 감수할 각오만큼은 가지고 언제든 베짱이 인생을 살면 된다. 그것이 당신의 목적에 맞는 '선택'이라면 아무것도 틀리지 않았다.

다만 '정말로 좋아하는 일이라면 인간은 노력을 거듭할 수 있다'

고 믿는 편이 득이다. 이 사회에서 결과를 남기는 우수한 프로로 불리는 사람들은 죄다 '그 길에서 노력을 계속해낸 사람'이며, 그 정체는 '노력할 수 있는 좋아하는 일'을 찾아낸 '발견의 성공자'다. 내면의 목소리에 귀를 기울이고 재미있다고 생각되는 직무능력을 찾아 뛰어들어 그 속에서 일하면서 세계를 넓혀가는 것, 그리고 더 열중할 수 있는 요소를 찾아내는 것. 좋아하는 일만 발견하면 실은 개미처럼 힘들지는 않다.

우리는 더 강해져야 한다. 차세대 젊은이에게만 한정되는 이야기는 아니다. 오히려 사회의 주축인 '어른'들이 더 강해져야 한다. 한 사람 한 사람이 더 높은 능력을 가지고, 자기실현을 통해 사회를 활성화시키는 사이클을 가속시키지 않으면 때를 놓치고 만다.

국가가 살아남는 길은 사회를 활성화시킬 인재를 배출하는 구조를 빨리 강화시키는 것이다. 멀리 돌아서 가는 것처럼 보이지만, 사실은 교육에 두는 이 한 수야말로 경제 회복의 '무게중심'임을 나는 확신한다. 여러 분야에서 진정한 프로를 더 많이 배출해야 한다. 그 중에서 새로운 사업이나 산업을 일으키는 젊은이가 나타나는 체제가 필요하다.

지금 사회인이 되려고 하는 젊은 세대 중에도 분명 '미래의 손정의'나 '미래의 베조스'가 있을 것이다. 수십 년 후에 커다란 사업을 일으킬, 우리가 아직 모르는 젊은이가 지금 이 순간에도 어딘가에서 사회에 나오려고 하고 있을 터다. 어쩌면 이 책의 독자 중에 있을지도 모른다.

커리어의 목적의식에 눈뜨고 프로가 될 각오와 용기를 기르는 '구조'를 빨리 만들어야만 한다. 학교 교육뿐만이 아니다. 오히려 가정교육이 더 중요하다. 커리어나 돈에 대한 이야기를 부모와 거의 하지 않는 가정이 대부분이다. 모범을 보여 뒷모습으로 이야기하는 부모도 훌륭하지만, 우리는 이제 입으로도 조금은 말할 수 있어야 한다. 이 책을 읽은 모든 사람은 자신의 자녀, 친구, 형제자매, 많은 지인과 커리어에 관한 이야기를 하기 바란다.

상대에게 도움이 되는 내용이나 올바른 내용을 전달하지 못해도 괜찮다. 무슨 설득을 할 필요도 없고, 그런 걸 하지 않는 편이 더 좋다. 그저 지금 떠오르는 본인의 생각을 잘 듣기를 바란다. 생각할 기회를 만드는 것이 무엇보다 중요하므로 자기인식을 높이고, 자신의 특징을 살릴 커리어 전략을 가지고, 사회인으로서의 바람직한 모습을 '선택'할 수 있는 일반교양적인 식견을 갖춘 어른이 훨씬 더 늘어나야만 한다.

'커리어'에 대한 개인의 각성이 필요하다는 말이다. 간단히 말해서 하고 싶은 일을 생각하지 않거나 참는 게 당연시되는 사회를 각각 '욕구'에 솔직하게 깃발을 들고 나아가는 것이 당연한 사회로 바꾸자는 것이다. 이 자본주의 사회의 구조는 한 사람 한 사람의 성공이 쌓여 결과적으로 전체를 활성화시키게 되어 있다. 그렇게 솔직하게 살아가는 사람은 여러 경험을 거쳐 프로로서 커리어를 성공시키고, 이 사회를 긍정적으로 활성화시키는 원동력이 될 것이다.

그렇게 말하는 나도 솔직히 내 '욕구'로 향하는 커리어의 한 가운데에 있다. 나의 '욕구'는 '지적호기심'과 '성취감'을 채우는 일이다. 생각해낸 전략을 세상에 내놓았을 때, 과연 세계는 어떻게 반응할까? 그 순간에 깃드는 두근거림에 비하면 다른 일은 뿌옇게 흐려질 만큼 그 자극은 짜릿하다. 나는 그 순간 흥분의 펄스(파동)를 맛보기 위해 태어난 것이 틀림없다고 생각될 만큼.

그러니 나는 이렇게 생각했다. 기껏 전략을 생각해서 마케팅할 것이라면 30년, 50년, 가능하면 100년 후의 사회에 도움이 되는 변화의 기점을 만들고 싶다고 말이다. 돈은 아무리 많아도 저세상에 가져갈 수 없고, 유산으로 남겨봐야 시시한 싸움의 불씨만 된다. 하지만 만약 지속가능한 '사업'을 이 세상에 남긴다면? 다음 세대에게 도움이 되는 '노하우'를 남긴다면? 분명 죽기 전에 조금은 미소 지으며 저세상으로 떠날 수 있으리라. 그래서 결코 수비적으로 살아가지 않는다. 인생은 전력을 다해 앞으로 전진하는 것이다!

나는 2017년에 동료들과 마케팅정예집단 '주식회사 가타나'를 창업했다. '가타나'가 싸우는 무대의 업계는 다양한데, 여러 개별사정은 있지만 어느 전쟁터이든 마케팅의 본질은 완전히 동일함을 재확인하는 하루하루다.

나는 기업이 살아남기 위해, 또 사회 전체가 앞으로도 풍요롭기 위해 마케팅이 결정적으로 중요하다고 확신한다. 나는 자주 마케팅이라는 직무능력을 익히길 잘했다고 생각한다. 마케팅의 본질을 체계화하는 연구 끝에 급기야 '모리오카 메소드'를 확립했다. 그것은 USJ를 바꾸었듯이 마케팅을 못하는 회사를 마케팅을 잘하는 회사로 바꾸는 노하우다. 나는 거기에 똑바로 깃발을 세우고 있다. 앞으로도 동료들과 힘을 모아 '가타나'를 풀가동시키고 사회를 더 활기차게 만들고 싶다.

"이 세상은 냉혹하다. 하지만 그래도 너는 분명 스스로 선택할 수 있다!"

이 책에서는 한 번뿐인 인생을 빛내고 당신답게 살기 위한 노하우를 있는 힘껏 전달하고자 했다. 이 책을 손에 든 사람 모두가 각양각색의 목적을 내걸고 자유로운 커리어의 성공을 향해 크게 날개짓하기를 바란다. 당신이 가지고 태어난 것을 잘 알고, 자신의 특징을 최대한 살리는 비행방법만 안다면 틀림없이 당신은 지금보다 훨씬 높이 날 수 있을 것이다!

자녀를 아끼는 부모의 마음에서 탄생한 이 책이 커리어를 생각하는 사람과 하나하나의 만남을 거듭해간다면 더없이 기쁠 것이다. 나처럼 이상한 사람에게 이런 기회를 주신 출판사 관계자 분들께 감사드린다.

마지막까지 읽어주신 독자들에게 가장 크게 감사드린다.

여러분의 커리어가 빛나기를 바라며, 진심으로 감사드린다.

'마케팅으로 세상을 활기차게!'

하고 싶은 일이
뭔지 몰라서
고민하는 너에게

초판 1쇄 인쇄 2020년 9월 15일
초판 1쇄 발행 2020년 9월 25일

지은이 | 모리오카 츠요시
옮긴이 | 황미숙
펴낸이 | 신경렬

편집장 | 유승현 **편집** | 황인화 김정주
마케팅 | 장현기 정우연 정혜민
디자인 | 김윤남
경영기획 | 김정숙 김태희 조수진
제작 | 유수경

펴낸곳 | ㈜더난콘텐츠그룹
출판등록 | 2011년 6월 2일 제2011-000158호
주소 | 04043 서울시 마포구 양화로12길 16, 7층(서교동, 더난빌딩)
전화 | (02)325-2525 **팩스** | (02)325-9007
이메일 | book@thenanbiz.com **홈페이지** | www.thenanbiz.com

ISBN 978-89-8405-702-9 03320

이 도서의 국립중앙도서관 출판예정도서목록(CIP)은 서지정보유통지원시스템 홈페이지(http://seoji.nl.go.kr)와 국가자료공동목록시스템(http://www.nl.go.kr/kolisnet)에서 이용하실 수 있습니다.(CIP 제어번호: 2020038287)